DIALOGUE

SUR LA GÉOGRAPHIE, SUR LA SPHÈRE, SUR L'ÉPACTE

ET SUR LES DIVERS PHÉNOMÈNES

AÉRIENS ET TERRESTRES.

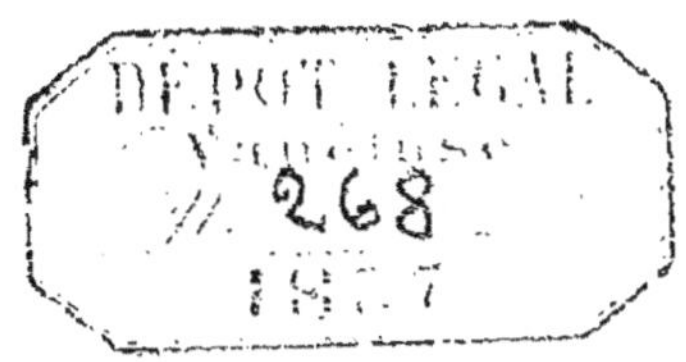

PROPRIÉTÉ DES ÉDITEURS.

———

Ce livre renferme tout ce qu'un bon curé, un excellent maître d'école et un digne père de famille peuvent souhaiter de plus avantageux à son paroissien, à son élève et à son fils, autant sous le rapport moral que sous le rapport didactique.

DIALOGUE

SUR LA

GÉOGRAPHIE,

SUR LA SPHÈRE, SUR L'ÉPACTE

ET SUR LES DIVERS PHÉNOMÈNES

AÉRIENS ET TERRESTRES.

PAR J. F. ALLIER, ANCIEN INSTITUTEUR

ET

L'ABBÉ RICHARD, ANCIEN DIRECTEUR D'ÉCOLE SECONDAIRE.

MÉTHODE TRÈS-AGRÉABLE ET LA PLUS ABRÉGÉE POUR ARRIVER A LA PARFAITE CONNAISSANCE DE LA GÉOGRAPHIE.

—

AVIGNON

SEGUIN AINÉ, IMPRIMEUR-LIBRAIRE
rue Bouquerie, 13.
1857

LETTRE

DES AUTEURS DU DIALOGUE SUR LA GÉOGRAPHIE,

AUX PÈRES DE FAMILLE.

MESSIEURS,

Vous devez accueillir ce troisième Dialogue avec la même faveur que les deux précédents : car, aux notions qu'il donne sur la Géographie physique, politique et guerrière, champ des plus vastes et des plus curieux, il joint, au sujet de la Sphère, de l'Épacte et d'une infinité de phénomènes aériens et terrestres, des développements qui ne manqueront pas de vous plaire.

A ces précieux avantages, notre Livre ajoute l'application des principes moraux, capables de le faire apprécier de tous ceux qui sentent la nécessité de resserrer les liens de famille, et d'affaiblir, en attendant de les guérir radicalement, les divisions et les haines qui pullulent au sein de notre société.

Le mal est si grand aujourd'hui, que les frères eux-mêmes ne vivent pas toujours dans un parfait accord, comme ils devraient le faire.

D'ailleurs , chacun ne connaissant d'autre moteur que l'égoïsme , non content de rester dans son droit, empiète souvent sur celui de ses semblables.

Notre livre est donc aussi un livre de circonstance , méritant d'être propagé par tous les gens de bien.

C'est pourquoi, nous vous adressons, Pères de famille, la présente lettre, afin que voyant le péril que courent vos enfants, vous vous hâtiez de leur fournir le moyen de le conjurer.

AVANT-PROPOS.

—

Comme ce troisième Dialogue renferme des matières très-agréables, fort utiles, propres à piquer la curiosité des moins désireux d'apprendre, et en même temps à inspirer l'amour de la régularité et du devoir; un maître, tenant fortement la main à ce que ses élèves le représentent sur la scène, après des exercices préparatoires parfaitement soignés, rendra à sa Commune un service d'autant plus signalé, que tout le monde s'y familiarisera avec les causes d'une foule d'effets inconnus jusqu'à ce jour à la plupart d'entr'eux.

Quand on répètera dans toutes les maisons, sur les places publiques et le long des chemins: ciel! nous n'avions jamais eu un si bon maître! que Dieu le conserve au milieu de nous! la récompense ne serait-elle déjà pas assez grande?

On fera plus : l'estime et l'amour succèderont à l'indifférence qu'on avait pour lui ; considéré désormais comme un membre de la communauté, il trouvera un ami très-dévoué dans chaque personne qu'il rencontrera ; les jours de fêtes, on viendra le prendre pour lui faire partager les joies d'un festin de famille ; les plus grands secrets lui seront confiés ; tous auront en sa sagesse une confiance sans bornes.

Tels sont les doux fruits qu'un instituteur retire d'un enseignement à la fois moral et littéraire. Les enfants le respectent et lui sont dévoués, ce qui lui gagne les cœurs de tous les pères et de toutes les mères.

Nos dialogues ont pour but de réaliser ce bien dans toutes les localités où on les adoptera.

DIALOGUE

SUR LA GÉOGRAPHIE,

SUR LA SPHÈRE, SUR L'ÉPACTE

ET SUR LES DIVERS PHÉNOMÈNES

AÉRIENS ET TERRESTRES.

PREMIER ACTE.

—

PREMIÈRE SCÈNE.

L'UNIVERS et LA TERRE.

L'UNIVERS.

Je n'ai pas voulu passer devant ce palais de cristal, sans avoir l'honneur d'offrir mes très-humbles respects à sa gracieuse souveraine.

LA TERRE.

De quel empire, seigneur, êtes-vous le puissant monarque?

L'UNIVERS.

Je les tiens tous également soumis à mes lois.

LA TERRE.

Vous êtes donc l'*Univers*, mon maître et le maître de toute la création.

1*

L'UNIVERS.

Les étoiles gravées autour de ma tête et le soleil peint au milieu de mon front, doivent avoir fait naître en vous l'idée de ma suprême autorité.

LA TERRE.

J'ai cru d'abord que vous étiez le souverain d'un vaste état; mais, l'*Univers !* je n'aurais guère pu me l'imaginer, l'infériorité de mon rang me rendant tout à fait indigne de l'honneur dont vous comblez à cette heure la moins méritante de vos servantes.

L'UNIVERS.

L'humilité, vertu aussi rare que nécessaire aux personnes de votre sexe, cache à vos propres yeux les éminents mérites que chacun aime à reconnaître dans votre constitution. N'eussiez-vous dans votre royaume pour seul sujet que l'homme, vous seriez supérieur à ce que le ciel contient de plus resplendissant et de plus beau ?

LA TERRE.

Je sais que les hommes se plaisent à nous flatter, j'ignore pour quelle raison.

L'UNIVERS.

Ma qualité de prince suzerain me dispense de tout propos galant à votre égard.

LA TERRE.

Sans le nier, le riant et imposant spectacle des globes lumineux qui m'entourent de toute part, est trop saisissant, trop émouvant, pour que j'aie la sotte prétention de me comparer au moindre d'entr'eux.

L'UNIVERS.

Voilà deux femmes qui se rendent à l'église pour assister à la sainte messe. La première, connue par sa coquetterie, marche, la tête haute et toute couverte de diamants; la seconde, précédée de ses enfants, se rend au lieu saint, les yeux baissés et avec une mise décente. Laquelle des deux estimez-vous le plus?

LA TERRE.

Comme la modestie est le plus bel ornement de la créature raisonnable, et principalement des personnes du sexe, vous connaissez d'avance la nature de ma réponse.

L'UNIVERS.

Vous voyez donc maintenant, si j'ai eu tort de m'exprimer comme je l'ai fait.

LA TERRE.

Vous aurez beau dire; je ne me persuaderai jamais que mon obscurité et ma froidure puissent être mises en parallèle avec l'immense plaine du ciel, parsemée d'astres éblouissants et pleins

d'une chaleur salutaire. Que serais-je moi-même
sans l'officieux concours du soleil? produirais-je
un seul fruit? toute ma surface fournirait-elle
sa nourriture au plus sobre animal?

L'UNIVERS.

Vous savez ce que vous êtes, et vous ignorez
ce que les autres sont. Les astronomes vous disent bien : Cet astre est à telle distance de cet
autre; son volume, deux mille fois plus considérable, sa révolution plus longue, ses éclipses
moins fréquentes; mais que contient-il? est-il
un charbon ardent, ou un bloc de marbre glacé?
est-il habité par des êtres vivants, semblables à
ceux que vous nourrissez?

LA TERRE.

Ces remarques sont justes et je me garderais
bien de me prononcer pour l'un ou pour l'autre
sentiment, en face des systèmes opposés et soutenus par des savants également recommandables :
mais, toujours est-il que si je suis douée de quelque agrément, c'est grâce à la salutaire influence
de la chaleur, des pluies, et d'autres causes atmos-
phériques auxquelles je me trouve soumise dans
l'état de mon organisation.

L'UNIVERS.

Dieu seul est tout puissant, et le principe
de toutes les existences : il peut donc seul

ajouter ou retrancher quelque chose à l'admirable concert qui règne dans le monde, sans que pour cela aucun désordre se produise.

LA TERRE.

Si je ne suis rien de moi-même ; si la même parole qui m'a tirée du néant, peut m'y réduire d'heure en heure ; dois-je m'enfler en présence de la verdure, des moissons et des fruits dont je couvre mon sol avec le secours d'en haut ? En quelle estime auriez-vous un homme, qui, revêtu du riche habit de son voisin complaisant, se prélasserait sur la place, au milieu de la foule ébahie ?

L'UNIVERS.

En ce sens, bien loin de condamner vos sentiments d'humilité, je les admire et les honore, comme le sage produit d'une expérience mûrie par les réflexions les plus saines à l'endroit même le plus fertile en naufrages. Mais si, comparée à ce que le monde offre aux regards de plus magnifique, comme la ravissante splendeur du ciel, le spectacle pompeux du firmament, l'éblouissante clarté des étoiles, vous vous croyez inférieure à tous ces éclatants témoins de la majesté divine, vous tombez dans une erreur d'autant plus grande que vous ignorez votre supériorité sur eux.

LA TERRE.

Oserai-je vous demander en quoi?

L'UNIVERS.

D'abord, si l'on excepte de votre immense surface les deux extrémités, que nous appelons *pôle arctique* ou *boréal*, et *pôle antarctique* ou *austral*, et qui ne présentent aux regards attristés que le désolant tableau d'une nature aux prises avec les angoisses de la mort, qu'y a-t-il de plus riant que vos nombreux vallons, couverts d'un riche tapis de verdure émaillée de fleurs odoriférantes; de plus pittoresque que ces hautes montagnes, dont les cimes menaçant le ciel, sont le séjour éternel des glaces; de plus agréable que ces vastes plaines couvertes d'arbres fruitiers et de moissons dorées; de plus attrayant que ces jardins plantés en citronniers, orangers, dattiers et autres plants dont la douceur des fruits nous charme singulièrement.

LA TERRE.

Bien que créatrice en quelque sorte de ces divers produits, je dois cependant en grande partie ma riche parure à l'action combinée des éléments.

L'UNIVERS.

Qui vous le nie? Si les fleuves, qui portent la fécondité dans votre sein, puisent à la mer les eaux dont ils l'alimentent, n'est-ce pas un de vos membres qui nourrit l'autre? Si, lorsque trop humide pour souffrir la bêche ou le rateau, un vent souffle pour vous dessécher, n'est-il pas le résultat de votre balancement dans les airs? En réfléchissant sur ce que vous appelez le secours d'autrui, ou trouverait peut-être, en bien analysant, que tout est en vous et vient de vous, excepté pourtant l'action providentielle que jamais homme de bien n'aura la témérité de nier.

LA TERRE.

Vous me supposez infiniment plus puissante que je ne le suis en réalité.

L'UNIVERS.

Qui sait si la chaleur, une des causes de votre fertilité, ne réside pas dans vos propres entrailles, et si les rayons du soleil ne sont pas un simple terme au moyen duquel elle s'accroît ou s'affaiblit, selon qu'ils vous frappent plus ou moins verticalement? Je n'assurerai rien à cet égard.

Au reste, n'est-ce pas assez, pour ne pas dire trop, afin de vous rendre l'objet de la tendresse du monarque des cieux, que vous soyez la demeure du chef-d'œuvre du monde visible, de l'esprit immortel, revêtu, à la vérité, d'un corps, mais établi presque l'égal de l'ange par les sublimes prérogatives qu'on lui a octroyées?

LA TERRE.

Si l'homme, cet être vraiment prodigieux et surnaturel, au lieu de ramper sur ma surface, comme un reptile, s'élevait par la pensée jusque dans les plus hautes régions de l'éternité, puisant au sein de Dieu même la vigueur nécessaire pour surmonter les suggestions de la chair, je serais fière de l'avoir pour témoin de mon inaltérable félicité.

Mais, oubliant son origine illustre et ne pensant qu'à assouvir ses honteux désirs, il me rend participante au châtiment infligé à sa révolte contre son bienfaiteur, en attirant sur moi des orages dévastateurs, de furieux ouragans, des inondations effrayantes, de longues sécheresses, des maladies inconnues et une foule d'autres fléaux qui décolorent l'incarnat de mes joues, en déchirant mon sein.

L'UNIVERS.

Tout en reconnaissant la justice de vos plaintes, je ne puis m'empêcher de les taxer d'exagération. Car, à un athée véritable on peut opposer des milliers de croyants. Qui ignore que le nombre de ceux qui ne professent aucun culte est très-restreint, surtout en Europe, et que même les athées prient au fond de leur cœur, lorsque le bras invisible du Tout-puissant s'appesantit sur eux ou sur des personnes, qui leur sont chères.

LA TERRE.

Enfin, que veut conclure Votre Seigneurie des dons inestimables dont elle me croit enrichie?

L'UNIVERS.

Que vous êtes le plus éclatant fleuron de ma couronne, où sont représentés tous les globes opaques ou lumineux de cet immense univers.

LA TERRE.

Est-ce là toute la conséquence que nous avons à tirer de notre entretien ?

L'UNIVERS.

Nous ajouterons, ne vous déplaise, que vous ne devez point avoir de si bas sentiments de vous-même.

LA TERRE.

Mais, si à un bien faible motif de m'exalter, il s'en joint des centaines capables de rappeler ma nullité, que faut-il que je fasse ?

L'UNIVERS.

Que vous ne vous écartiez jamais de la ligne que vous vous êtes tracée, souffrant sans vous plaindre tous les maux qu'il plaît au ciel de vous envoyer.

LA TERRE.

Vous finissez donc par être de mon sentiment.

L'UNIVERS.

Quand on est raisonnable, on a toujours pour soi les hommes de justice et de bonne foi.

LA TERRE.

Que l'on soit jeune, riche, puissant, sujet, souverain, prince, particulier, le ciel couvre tout : nous sommes tous sujets aux maladies, à la mort et à ses inévitables suites.

L'UNIVERS.

Vous voulez dire qu'on n'est rien, quelle que soit d'ailleurs sa condition, et que l'important est de vivre en bonne intelligence avec le Rédempteur du genre humain.

LA TERRE.

Je n'ai pas eu d'autre but durant tout le cours de notre longue conversation.

L'UNIVERS.

Une personne aussi méritante devrait être connue de tout le monde.

LA TERRE.

On m'explore dans tous les sens ; d'intrépides navigateurs cinglent vers mes mers les plus périlleuses, sans être intimidés par les nom-

breuses et invincibles difficultés dont quelques-
uns deviennent les infortunées victimes ; des
touristes s'engagent dans des défilés et sur les
sommets de mes montagnes du plus difficile ac-
cès ; des savants judicieux parcourent mes déserts les plus stériles et d'où la frayeur pour le
tigre , le lion et autres animaux carnassiers
avait jusqu'ici tenu à distance les plus audacieux
voyageurs ; des mineurs cupides , déchirant
mon sein maternel , arrachent de mes entrailles , palpitantes de tendresse , les plus précieux
métaux ; enfin , on ne néglige aucun des
moyens capables de communiquer l'entière connaissance de ma constitution.

L'UNIVERS.

Ces courses et ces travaux ne vous rendant
familière qu'à l'élite de la population , vous res-
tez tout à fait inconnue à la masse du peuple.

LA TERRE.

Vous êtes dans l'erreur ; il se fait journellement les plus exacts rapports sur tout ce que je
renferme , tant dans les plaines, sur les montagnes, que dans les eaux ; et il est libre à chacun de s'approprier par une lecture réfléchie
les nouvelles découvertes publiées dans les
journaux.

L'UNIVERS.

Je vois toujours l'immense majorité des hommes entièrement étrangère aux charmes de votre mérite.

LA TERRE.

Cependant, on aime à lire les papiers publics.

L'UNIVERS.

Le bourgeois, l'artisan aisé ou pauvre, l'oisif, le paresseux, je vous l'accorde; mais la classe aussi intéressante que nombreuse des propriétaires-agriculteurs, la plus vertueuse en même temps que la plus intéressée à vous connaître dans l'ensemble et dans le détail, sourit de pitié quand elle voit du papier noirci d'encre entre les mains d'un habitué de café.

L'UNIVERS.

Mais que signifie ce rire sardonique?

LA TERRE.

Comme il y a dans chaque localité des femmes et des hommes sur les paroles desquels il faudrait bien se garder de compter, le campagnard croit en son âme et conscience que le journal est encore moins véridique qu'eux.

L'UNIVERS.

Les mœurs actuelles sont parvenues à ce point de corruption.

LA TERRE.

On écoute parler un homme aussi longtemps qu'il le juge nécessaire au succès de son entreprise, et l'on obéit ensuite à ses propres convictions.

L'UNIVERS.

Mais, lorsqu'il est question d'un récit où les passions du jour ne sont pour rien, en est-il de même ?

LA TERRE.

La plupart des esprits manquent d'énergie pour avoir recours à cet utile discernement.

L'UNIVERS.

C'est bien fâcheux pour ce qui vous concerne : car vous gagneriez beaucoup à être parfaitement connue de toute la population.

LA TERRE.

Je commence à être moins ignorée qu'autrefois.

L'UNIVERS.

Comment est-on donc parvenu à cette amélioration ?

LA TERRE.

Comme le sol de l'Empire français est couvert de maisons d'éducation, de grandes et de petites écoles, de colléges et de lycées, on m'enseigne dans les uns comme dans les autres.

L'UNIVERS.

Vous ne serez plus ainsi bientôt un objet de curiosité pour personne.

LA TERRE.

Vous, vous le croyez ! mais détrompez-vous. la vie d'un homme est trop courte pour apprécier tout ce que je vaux.

L'UNIVERS.

Je sais que vous renfermez le principe de toutes les sciences.

LA TERRE.

Des milliers de volumes ne pourraient contenir la nomenclature de tous les êtres ou objets que je nourris sur ma surface ou dans mon sein.

L'UNIVERS.

Au reste, ce n'est pas sous tous ces rapports que l'on doit vous faire connaître à l'enfance.

LA TERRE.

Tant s'en faut ! on se contente de démontrer sur des tableaux, appelés cartes géographiques, ma configuration telle que l'ont tracée d'habiles arpenteurs, donnant à chacune de mes parties le nom qui lui convient.

L'UNIVERS.

J'assisterais très volontiers à une de ces leçons.

LA TERRE.

Lorsque Votre Seigneurie est entrée dans mon palais, ma fille appelée *Géographie*, se disposait à en donner une à un jeune enfant.

L'UNIVERS.

Ne pourrait-elle pas le faire ici en notre présence ?

LA TERRE.

Rien ne la flattera davantage.

L'UNIVERS.

Daignez donc l'appeler.

LA TERRE.

Géographie, viens vite avec le petit Auguste.

DEUXIÈME SCÈNE.

L'UNIVERS, LA TERRE, LA GÉOGRAPHIE,
AUGUSTE.

LA GÉOGRAPHIE.

(Après avoir salué gracieusement le prince et sa maman, elle dit :) Bonne maman, je suis à vos ordres.

LA TERRE.

Le puissant monarque, en présence duquel tu es en ce moment, désire ardemment d'avoir un entretien avec toi.

LA GÉOGRAPHIE.

Je ne vois rien en ma personne qui mérite cette marque d'intérêt de sa part.

LA TERRE.

J'ai eu l'honneur de dire à Sa Seigneurie, que, commençant à être enseignée dans les plus grandes comme dans les plus petites localités, tu te faisais un plaisir de donner toi-même des leçons en ma présence.

LA GÉOGRAPHIE.

Je m'acquitte de cette fonction avec d'autant plus de facilité que je vous connais mieux, ne m'étant jamais séparée de vous.

L'UNIVERS.

Mademoiselle, vous devez former ainsi d'excellents géographes.

LA GÉOGRAPHIE.

Si tout dépendait de ma volonté, il est probable que mes élèves se distingueraient de tous les autres par un plus ample et plus profond savoir sur tout ce qui concerne les nombreux at-

:ributs de ma mère; mais la paresse, la légère-
é d'esprit, le défaut de mémoire, la mauvaise
volonté, le peu d'aptitude, sont autant d'obstacles qui empêchent un certain nombre de
gens de progresser dans une des sciences les plus
agréables.

LA TERRE.

Vous devez voir, puissant seigneur, que ma
fille ne raisonne pas trop mal l'article confié
à ses soins.

L'UNIVERS.

Bien que je comprenne que votre choix est
des meilleurs et que nul ne saurait mieux prendre vos intérêts que le produit de votre intelligence, je ferai pourtant remarquer qu'avec de
la patience dans le caractère, de la douceur
dans le discours, de l'affabilité dans les manières et de l'affection dans les traitements, on
diminue de beaucoup le nombre des élèves mal
disposés pour l'étude.

LA TERRE.

Vos observations sur un sujet si aride sont
si judicieuses, qu'un bon maître ou une bonne
maîtresse doit se garder de rejeter un seul écolier.

LA GÉOGRAPHIE.

Nous en avons un exemple frappant en la
personne de cet enfant; jamais écolier n'avait

paru ici avec de si ingrates dispositions. Au lieu d'être doué de quelques qualités favorables au succès des études, il possède au suprême degré tout ce qui les contrariant trop, les rend nulles. Pourtant, à force de caresses, de bienveillance et d'application, on l'attache à ses devoirs et on lui inspire tellement du goût pour le progrès, qu'il est un des plus avancés de sa classe.

L'UNIVERS.

Je croyais, Mademoiselle, capable; mais je ne l'eusse jamais crue en état de raisonner éducation, instruction, avec le ton de supériorité qu'elle apporte dans la discussion.

LA TERRE.

Elle ne fait pas connaître la dixième partie de son talent dans l'art d'enseigner, Votre puissante Seigneurie imposant nécessairement à une personne de son âge et de son sexe.

L'UNIVERS.

En effet, je m'aperçois que les couleurs de son visage et l'attitude de son corps ne sont pas naturelles.

LA TERRE.

Quand on est jeune, il suffit de peu pour suspendre les fonctions les plus régulières de l'organisme, et ce n'est qu'avec le temps qu'on se fait aux usages des cours.

L'UNIVERS.

Vous n'êtes pas embarrassée pour me répondre sur quelque matière que ce soit ; vous en savez encore beaucoup plus que votre fille.

LA TERRE.

Quand cela serait, qu'y trouveriez-vous d'extraordinaire ? vieille, comme je le suis, et jeune, comme elle est. J'ai toujours ouï dire que l'expérience l'emporte sur le savoir.

L'UNIVERS.

Laissons pour le moment cet article de côté, et occupons-nous un peu des leçons que Mademoiselle est dans l'habitude de donner aux enfants de l'un et de l'autre sexe, désireux de faire connaissance avec sa digne mère.

LA GÉOGRAPHIE.

Si l'enfance se soucie peu de la grammaire, à cause de sa froide aridité, la connaissance de la terre, dépourvue de certains agréments historiques, guerriers ou politiques, n'impressionnerait pas davantage les esprits. Aussi, pour réussir à inculquer la géographie dans les cœurs, il faut en rendre les leçons piquantes par des exposés succincts d'événements remarquables accomplis dans les lieux dont il est question.

2.

LA TERRE.

Grand prince, quel prix attachez-vous à cette dernière réflexion?

L'UNIVERS.

Madame, je trouve que ni vous, ni moi, ne pourrions raisonner avec plus d'à-propos.

LA TERRE.

Ma fille est vraiment un modèle de perfection : on n'a jamais rien vu d'aussi accompli parmi les enfants des hommes.

L'UNIVERS.

Elle vous tient lieu de tous les trésors : je suis sûr que vous la préféreriez au gouvernement de mon vaste empire.

LA TERRE.

Je n'ai qu'elle devant les yeux : toujours présente à mon esprit, elle fait tout mon bonheur. Le plus pur diamant, l'émeraude la plus précieuse ne sont que de la boue, comparés à l'éclat de ses vertus. Aussi, sa présence est aussi nécessaire à ma tranquillité, que celle du soleil au développement et à la maturité des fruits.

L'UNIVERS.

Cela s'appelle aimer, avoir de la tendresse.

LA GÉOGRAPHIE.

Chère maman, vous êtes payée de retour : car,

vous m'intéressez infiniment plus que tous les objets créés et que moi-même.

L'UNIVERS.

Il y a compensation, c'est-à-dire, dévouement, amour égal de l'une pour l'autre.

LA TERRE.

Nous confirmons donc le proverbe : Telle mère, telle fille.

L'UNIVERS.

C'est un spectacle ravissant et digne des regards de Dieu et des hommes.

LA TERRE.

Je donnerais mille vies pour le contentement de ma bien-aimée *Géographie*.

L'UNIVERS.

Quoi! si la mort se présentait avec l'ordre d'emporter l'une des deux , vous tiendriez à jouir de la préférence?

LA TERRE.

Avec bien plus de plaisir que de prendre une tasse du meilleur chocolat.

L'UNIVERS.

Et vous, Mademoiselle, que feriez-vous dans une conjoncture si délicate?

2*

LA GÉOGRAPHIE.

Je voudrais absolument mourir, laissant ma tendre mère en possession du plus parfait bonheur.

L'UNIVERS.

Tel est le sentiment élevé, délicat de tous les gens de bien. Les souffrances du père sont communes aux enfants, comme les douleurs des enfants sont communes aux pères ; c'est le même sang qui jouit ou souffre en même temps.

LA TERRE.

Si la nature nous a créés ainsi, le vice détruit seul dans notre organisme un des plus doux sentiments innés au cœur de l'homme.

L'UNIVERS.

Il ne faut pas chercher ailleurs la cause des monstruosités dont nous sommes les malheureux témoins.

LA TERRE.

En effet, si certains héritiers soupirent tant aujourd'hui après le trépas de leurs bienfaiteurs, parents ou autres, ce n'est que par comble de la plus noire ingratitude.

L'UNIVERS.

C'est là précisément une des plus vives afflictions des pauvres vieillards dont le pied est près de glisser dans la tombe.

LA TERRE.

Il n'en est pas ainsi de ma fille et de moi : contentes l'une de l'autre, nous jouissons en paix de la félicité que le ciel nous accorde.

LA GÉOGRAPHIE.

Que Dieu me préserve à tout jamais de nourrir en mon âme une seule pensée incompatible avec mes devoirs de fille de la plus vertueuse des mères !

L'UNIVERS.

Vous êtes trop bien née pour vous rendre coupable d'une telle honte.

LA GÉOGRAPHIE.

C'est une grâce sans prix que le Père commun des mortels accorde gratuitement à quiconque sait la lui demander.

L'UNIVERS.

Celui qui se plaît dans la prière recueille de ce doux exercice les fruits les plus abondants.

LA TERRE.

Combien d'âmes périraient de langueur et seraient consumées par la rouille d'une noire tristesse, si l'oraison ne les maintenait point dans un état d'admirable fraîcheur !

L'UNIVERS.

Il n'y a rien de tel que d'élever les enfants

dans l'habitude de s'entretenir de temps en temps avec le Créateur et le conservateur du monde.

LA TERRE.

C'est ce que j'ai toujours bien recommandé à ma fille.

L'UNIVERS.

Je suis assuré que Mademoiselle s'est empressée de se conformer à vos ordres sur un article aussi important.

LA GÉOGRAPHIE.

Puisse la mort s'acharner à ma perte plutôt que d'attrister le cœur de ma bonne mère par la violation du moindre de ses conseils !

LA TERRE.

Ma fille, taisez désormais en ma présence le nom odieux de cette vilaine bête : car la pensée seulement qu'elle peut te ravir à mon affection, à ma tendresse, suffit pour m'abreuver de fiel.

LA GÉOGRAPHIE.

Maman, c'en est assez ; jamais un si désagréable son exprimé par ma bouche, ne tintera plus à vos oreilles.

LA TERRE.

Vous ferez d'autant mieux, qu'il trouble les

rêves dorés, voltigeant autour de ma couche,
sur les brillantes destinées qui vous sont ré-
servées.

L'UNIVERS.

Le souvenir de la mort ne nous est utile que
pour nous empêcher de nous énorgueillir, ou
de tomber dans le péché.

LA TERRE.

Il est enfin temps que nous nous occupions
un peu des leçons que ma fille donne à son jeune élève.

LA GÉOGRAPHIE.

Si Monseigneur et maman le trouvent bon,
je vais de suite appeler le petit Auguste.

L'UNIVERS.

C'est à vous à voir jusqu'où vous pouvez
compter sur vos forces.

LA TERRE.

Quand il s'agit du travail de l'enseignement,
elle ne se trouve jamais fatiguée, tant elle le
fait avec passion.

L'UNIVERS.

J'aurais cru tout le contraire.

LA TERRE.

Il semble au premier coup d'œil, que l'affection, jointe à la peine, devrait hâter l'épuisement des forces ; c'est tout autrement dans le tempérament de ma fille.

L'UNIVERS.

Elle doit ce bienfait de la nature à une constitution plus forte qu'à l'ordinaire.

LA TERRE.

Dites à sa seigneurie, combien d'heures il vous arrive quelquefois de parler sans interruption.

LA GÉOGRAPHIE.

Trois ou quatre heures le plus, jamais moins de deux.

L'UNIVERS.

Est-ce que dans le premier cas, vous n'êtes pas épuisée de lassitude ?

LA GÉOGRAPHIE.

Quand je parlerais le jour tout entier, pourvu que je prenne mes repas ordinaires, je suis toujours fraîche et également disposée à recommencer de plus belle.

L'UNIVERS.

Cela s'appelle jouir de la plus florissante santé.

LA TERRE.

Voyons donc, chère Géographie ; le moment est venu de nous montrer ton savoir-faire.

LA GÉOGRAPHIE.

Auguste, mon ami, approchez-vous de nous?

AUGUSTE.

Mademoiselle , me voici.

LA GÉOGRAPHIE.

Avez-vous salué, avec le plus profond respect, sa majesté l'empereur de l'univers ainsi
que ma bien-aimée maman?

AUGUSTE.

Je me suis acquitté de ce devoir sacré, aussitôt arrivé en leur auguste présence.

LA GÉOGRAPHIE.

Cette précieuse marque de déférence que vous
venez de donner à l'hôte vénérable et à l'illustre maîtresse de ce palais merveilleux, vaut infiniment mieux que la leçon de géographie la
plus savante.

AUGUSTE.

Pourquoi mademoiselle?

LA GÉOGRAPHIE.

Parce que le savoir-vivre avec les grands est
chose aussi compliquée que l'algèbre.

L'UNIVERS.

Vous possédez , je crois, la science univer-

selle, ne pouvant être arrêtée par aucune difficulté.

LA TERRE.

Vous la questionneriez sur quelque objet que
ce soit, qu'elle vous répondrait de suite et fort
à propos.

L'UNIVERS.

Si jeune, c'est plus que surprenant ! Aurait-
elle donc la science infuse ?

LA TERRE.

Elle a les plus heureuses dispositions; c'est
tout le secret de l'affaire.

LA GÉOGRAPHIE.

Auguste, qui suis-je ?

AUGUSTE.

Vous êtes la description de la terre.

LA GÉOGRAPHIE.

De quelle langue vient l'étymologie de mon
nom ?

AUGUSTE.

L'étymologie de votre nom dérive de deux
mots grecs, signifiant ce que je viens d'exprimer dans ma précédente réponse.

LA TERRE.

Que pensez-vous, seigneur, de cette manière de procéder dans l'enseignement d'une science aussi utile qu'agréable?

L'UNIVERS.

L'attention soutenue avec laquelle j'écoute l'institutrice et l'élève, et le plaisir que me communiquent tant les demandes que les réponses qui se font, vous en disent plus que les termes les plus éloquents.

LA TERRE.

Si cet exercice vous est aussi agréable que vous le dites, on le continuera jusqu'à ce que vous nous paraissiez vous ennuyer.

L'UNIVERS.

Si on le continue jusqu'alors, il court le risque de n'avoir point de fin.

LA TERRE.

Il faut que vous y preniez donc bien du plaisir !

L'UNIVERS.

Je n'avais jamais été de ma vie aussi heureux que depuis qu'il a commencé.

LA TERRE.

Puis-je ajouter une foi entière à l'expression de votre langage ?

L'UNIVERS.

De même que si c'était vous-même qui vous énonçassiez.

LA TERRE.

Je succombe presque sous le poids de mon bonheur. Grand Dieu ! quelle fille ! quel puits d'érudition !

L'UNIVERS.

Rien de plus naturel et de plus raisonnable que la subite explosion de votre enthousiasme.

LA TERRE.

Pardonnez à ces amoureux élans d'un cœur maternel.

L'UNIVERS.

Personne n'y trouve la moindre chose à redire.

LA TERRE.

Allons ! chère fille, ne te lasse point de nous édifier.

LA GÉOGRAPHIE.

Qui est ma mère ?

AUGUSTE.

Votre mère est la terre que nous habitons ; corps opaque, elle n'a d'autre lumière que cel-

le des étoiles et du soleil, suspendus à la voû-
te du firmament.

LA GÉOGRAPHIE.

Dans la supposition que les astres, que vous
venez de nommer, retournassent dans le néant,
d'où ils ont été tirés, que deviendrait notre
globe ?

AUGUSTE.

Un lieu obscur et ténébreux, privé de végétation et de fruits propres à la nourriture de
l'animal et de l'homme.

LA GÉOGRAPHIE.

Quelles seraient les suites inévitables d'un si
horrible état ?

AUGUSTE.

La destruction complète de tout être vivant
des productions du sol.

LA GÉOGRAPHIE.

Seriez-vous vous-même épargnée ?

AUGUSTE.

Comme, au lieu d'être un végétal ou un minéral je suis un membre du règne animal, je
participerais à la condamnation prononcée contre mes semblables.

3.

LA GÉOGRAPHIE.

Mais si tout périssait ; qui repeuplerait un jour la surface de ma mère ?

AUGUSTE.

Ou elle resterait éternellement déserte , ou elle redeviendrait dans son premier état, par un nouveau prodige du Tout-puissant.

LA GÉOGRAPHIE.

Qui vous a appris toutes ces particularités ?

AUGUSTE.

C'est vous, Mademoiselle.

LA GÉOGRAPHIE.

Je ne le pense pas , persuadée que vous avez ajouté de votre fond une infinité de réflexions.

AUGUSTE.

C'est possible ; car , quand je me trouve seul, je passe et repasse, je viens et reviens si souvent sur la même question , que je cherche à y ajouter quelque chose du mien , quitte pour le retrancher, s'il défigure la pièce principale.

L'UNIVERS.

Tant de profondeur et de sens de part et d'autre me remplit d'admiration.

LA TERRE.

Je présume qu'il y en a assez pour aujour-
d'hui.

LA GÉOGRAPHIE.

Bonne maman, comme vous voudrez.

TROISIÈME SCÈNE.

LA GÉOGRAPHIE, LA MER, LE CONTINENT,
LE NÉGOCIANT et CASIMIR, son fils.

LE NÉGOCIANT.

Mademoiselle, sachant que vous excellez dans
l'art d'enseigner la science dont vous portez le
glorieux nom, j'ai l'honneur de vous présenter
mon fils, afin que vous daigniez vous assurer
s'il a de vous les connaissances indispensables
aux industriels et aux commerçants.

LA GÉOGRAPHIE.

Cet examen, pour peu qu'on veuille l'appro-
fondir, demande des semaines et des mois entiers.

LE NÉGOCIANT.

Je ne suis point venu vous trouver pour vous
fixer le terme de cette importante opération.
Casimir est en de bonnes mains; cela me
suffit.

LA GÉOGRAPHIE.

Vous me l'enverrez tous les jours de huit à
neuf heures , et de trois à quatre.

LE NÉGOCIANT.

Ne manquez pas de lui souvent rappeler les
contrées et les lieux d'où viennent les productions propres aux usages des hommes ; les voies
par lesquelles on peut les faire parvenir jusqu'à
nous ; comment nous pouvons à notre tour les
faire passer chez les autres peuples ; quels sont
enfin les rapports que nos besoins nous forcent
d'établir avec les autres nations.

LA GÉOGRAPHIE.

Je soignerai d'une manière toute particulière
ce qui est utile à l'industrie et au commerce ,
sans pourtant négliger le théâtre des événements
que l'histoire raconte , ni ce qui peut éclairer
dans toutes leurs combinaisons la politique , la
diplomatie et la guerre.

LE NÉGOCIANT.

Aussi utile qu'aimable , vous charmez l'esprit , en lui présentant successivement toutes
les merveilles de la création.

CASIMIR.

Vous tenez lieu d'un voyage autour du monde ; vous êtes comme un panorama général de
notre globe.

LA GÉOGRAPHIE.

Ces quelques mots sont assez significatifs pour nous porter à croire que tout ira bien.

LE NÉGOCIANT.

Je crois que vous n'aurez pas à vous plaindre de Casimir sous le rapport de l'application ; mais si vous le trouviez indocile, revêche, inappliqué, punissez-le avec sévérité.

LA GÉOGRAPHIE.

Je connais à l'air de son visage qu'il ne sera point nécessaire de recourir à cette triste extrémité. Qu'en pensez-vous, Casimir ?

CASIMIR.

Je pense que vous prophétisez.

LA GÉOGRAPHIE.

Cependant, je ne suis pas une sibylle.

CASIMIR.

Vous seriez plutôt une prophétesse.

LA GÉOGRAPHIE.

Vous avez raison, mon enfant, tout ira bien entre nous.

LE NÉGOCIANT.

Nous vous laissons, Mademoiselle, avec le doux espoir que vous ferez de mon fils un vrai savant en géographie. Car, sa position demande qu'il connaisse aussi bien le reste du monde que son propre pays.

LA GÉOGRAPHIE.

Beaucoup de parents s'imaginent que les punitions font progresser leurs enfants : qu'ils se trompent ! une caresse stimule plus leur vouloir que les plus durs châtiments.

LA MER.

Vous devez en savoir plus qu'eux à l'endroit de ce chapitre.

LA GÉOGRAPHIE.

J'en sais tellement , qu'une fois que le cœur de l'écolier a été vaincu par les bons traitements de son maître, on lui donne toutes les formes désirables.

LA MER.

Comme Casimir et son père entrent en ce moment , daignez proposer à votre élève quelques questions à résoudre en notre présence.

LA GÉOGRAPHIE.

Vous voilà, Casimir ; approchez-vous de votre maîtresse.

CASIMIR.

Cher père , ayez la bonté de rester avec moi pendant mon premier interrogatoire.

LE NÉGOCIANT.

Tu sais que des affaires importantes nécessitent ma présence à la Bourse.

CASIMIR.

C'est égal ; une demi-heure de moins ne vous empêchera point de conclure un bon marché.

LE NÉGOCIANT.

Mademoiselle, sans être aussi sensible que la mère, le père le moins tendre ne laisse pas de condescendre aux légitimes désirs de ses enfants. Or, comme mon fils Casimir se trouve pour la première fois en votre présence, il éprouve une certaine timidité à laquelle je ne saurais me défendre de compatir.

LA GÉOGRAPHIE.

La paternité a ses devoirs à remplir, comme la maternité : c'est pourquoi, bien loin de craindre de blesser ma susceptibilité, vous m'édifiez au contraire, en remplissant à cette heure ceux d'un bon père de famille.

LE NÉGOCIANT.

Voilà un langage amical et digne d'une personne obligée par son état de conduire les autres dans le droit chemin.

3*

LE CONTINENT.

Rien de plus conforme à la nature que ce qui se passe dans cette auguste enceinte.

CASIMIR.

Restera-t-on longtemps encore avant de m'interroger ?

LA GÉOGRAPHIE.

Mourez-vous d'ennui en notre compagnie ?

CASIMIR.

Non , Mademoiselle.

LA GÉOGRAPHIE.

Pourquoi demandez-vous donc à monsieur votre père si l'on ne vous interroge pas encore ?

CASIMIR.

Parce que voulant partir le plus tôt possible et désirant moi-même d'être interrogé devant lui , nous craignons l'un et l'autre que la chose ne puisse avoir lieu , pour peu que vous retardiez mon examen.

LE NÉGOCIANT.

Vous conviendrez , Mademoiselle , que mon fils vous a assez bien répondu.

LA GÉOGRAPHIE.

Trop bien , Monsieur, pour un enfant de son âge. Ah ! j'en suis plus que convaincue ,

nous allons faire du petit Casimir un des premiers géographes de la localité.

LE NÉGOCIANT.

Vos peines ne seront pas perdues.

LA GÉOGRAPHIE.

Comme la science géographique ne m'a coûté
ni peine, ni argent pour l'apprendre, je l'enseigne aussi gratuitement.

LE NÉGOCIANT.

Quel est donc le but que vous vous proposez
dans les soins que vous prenez de l'enfance?

LA GÉOGRAPHIE.

Les hommes d'affaires ne voient que l'or au
bout de toutes leurs spéculations.

LE NÉGOCIANT.

En effet, nous ne mettons pas pour autre
chose nos esprits à la torture pendant les plus
belles années de notre vie.

LA GÉOGRAPHIE.

Pourquoi les Missionnaires, les Sœurs de
charité et les Frères des écoles chrétiennes quit-
tent-ils patrie, parents et amis, pour aller vivre
au sein des populations les plus sauvages?

LE NÉGOCIANT.

C'est uniquement pour faire connaître aux

peuples idolâtres le royaume du ciel et son éternelle justice.

LA GÉOGRAPHIE.

Tous les hommes ne travaillent donc pas dans
l'unique vue de se procurer de l'argent.

LE NÉGOCIANT.

Je croyais que l'exception était toute dans les
célestes personnages que vous venez de citer.

LA GÉOGRAPHIE.

Le sol de l'Europe est couvert de gens ver-
tueux, consacrant leurs loisirs à arracher des
cœurs vicieux jusqu'au dernier germe des hon-
teuses passions qui les abrutissent.

LE NÉGOCIANT.

Je ne m'en serais guère douté.

LA GÉOGRAPHIE.

Comme un si beau zèle suppose de la grandeur dans l'âme, de l'élévation dans les sentiments, un parfait désintéressement dans l'esprit, de quoi pourrait se douter le mortel habitué à offrir un vil encens au veau d'or?

LE NÉGOCIANT.

En effet, depuis que je me suis jeté dans le
tourbillon des opérations industrielles et commerciales, j'ai un cœur sans sentir et des yeux

sans voir les beautés de la morale, dont vous tâchez de me rappeler le glorieux souvenir.

LA GÉOGRAPHIE.

Vous commencez donc à comprendre que si les uns s'efforcent d'éclipser les rayons du plus salutaire des astres, il en est d'autres qui n'oublient rien pour dissiper de devant son auguste face les brouillards épais dont l'enveloppent les passions : c'est donc aux efforts de gens de bien que l'état social doit après Dieu sa conservation.

LE NÉGOCIANT.

Il y a donc lutte, combat acharné, entre les intérêts moraux et les intérêts terrestres.

LA GÉOGRAPHIE.

Ces deux sortes d'intérêts se contrarient depuis l'origine du monde, la victoire se déclarant tantôt en faveur des uns, et tantôt en faveur des autres.

LE NÉGOCIANT.

Puisqu'il en est ainsi ; que c'est une dure nécessité d'être témoin de ces divisions intestines, pourriez-vous me dire sous l'empire de quel intérêt, du moral ou du terrestre, les peuples se trouvent moins malheureux ?

LA GÉOGRAPHIE.

Lorsque quelqu'un est content du nécessaire

et redoute le châtiment infligé à l'injustice, il se modère d'autant plus dans ses désirs, que la cupidité s'expose aux huées du présent et aux tourments de l'avenir.

LE NÉGOCIANT.

Vous voulez sans doute dire que la paix est le partage des nations soumises aux lois de la probité, tandis que les peuples divisés par l'égoïsme ou l'amour de soi-même, sont sujets à de continuelles tourmentes.

LA GÉOGRAPHIE.

Vous avez mieux rendu ma pensée que je n'ai pu le faire moi-même.

LE NÉGOCIANT.

Je prends la sage résolution, devant vous, d'amortir, dès cette heure, le feu qui me consume pour les intérêts matériels.

LA GÉOGRAPHIE.

Vous avez une épouse, des enfants, des serviteurs et des servantes à nourrir ; vous devez donc ne pas entièrement quitter les affaires.

LE NÉGOCIANT.

C'est bien aussi ce que je pense faire ; mais je m'arrangerai de manière à pourvoir à toutes mes dépenses le plus honnêtement du monde.

LA GÉOGRAPHIE.

Vous venez de prononcer un grand mot : pour être heureux soi-même et faire le bonheur de notre domesticité, l'honnêteté, la vertu est indispensable.

LE NÉGOCIANT.

J'en suis si convaincu, que je vais me livrer sur-le-champ à un sérieux examen sur tout mon passé, me fixant dans une ligne de conduite en tout conforme à la loi du Créateur.

LA GÉOGRAPHIE.

Si je vous dis maintenant que je n'enseigne la géographie que pour le plaisir de faire connaître ma mère, le croirez-vous ?

LE NÉGOCIANT.

Je le crois tellement que je me l'étais imaginé ainsi.

LA GÉOGRAPHIE.

Si vous voulez couler au sein de la félicité les années qu'il vous reste à vivre, soyez inébranlable dans le projet que vous avez formé tout à l'heure.

LE NÉGOCIANT.

C'est tout le désir de mon cœur.

LA GÉOGRAPHIE.

Demandez-en sans cesse la grâce à Dieu et à sa sainte mère.

LE NÉGOCIANT.

Vos sages conseils ne seront pas négligés.

CASIMIR.

Vous m'oubliez, Mademoiselle.

LA GÉOGRAPHIE.

Je pense plus à vous que vous ne pensez à moi.

CASIMIR.

C'est possible ; mais en attendant, je ne vous perds pas un seul instant de vue.

LA GÉOGRAPHIE.

Casimir, vous êtes sage.

CASIMIR.

Avec votre aide, je ferai en sorte de le devenir de plus en plus.

LA GÉOGRAPHIE.

Avez-vous bien préparé votre leçon ?

CASIMIR.

Aussi bien que je l'ai pu, bien que distrait quelquefois par la longue conversation que vous avez eue avec mon père.

LA GÉOGRAPHIE.

Me voici prête à vous adresser quelques demandes sur la configuration de la *Terre*.

CASIMIR.

Je ne désire rien tant que de pouvoir vous satisfaire par l'exactitude de mes réponses.

LA GÉOGRAPHIE.

Y a-t-il d'abord longtemps que vous m'étudiez ?

CASIMIR.

Beaucoup trop pour le peu que je connais de cette utile et agréable science.

LA GÉOGRAPHIE.

Quels obstacles se sont donc opposés à vos progrès ?

CASIMIR.

C'est ma passion pour le jeu et les autres amusements de mon âge.

LA GÉOGRAPHIE.

Vos maîtres vous laissaient donc faire ?

CASIMIR.

Ils faisaient semblant de se fâcher ; mais la colère n'était suspendue qu'au bout de leurs lèvres, leurs cœurs ne prenant aucune part aux reproches qu'ils nous faisaient.

LA GÉOGRAPHIE.

A quels signes connaissez-vous qu'il en était
ainsi?

CASIMIR.

A leur négligence à user des moyens les plus
propres à nous ramener au devoir.

LA GÉOGRAPHIE.

Pourriez-vous nous en citer quelqu'un?

CASIMIR.

Rien de plus facile, Mademoiselle : lorsqu'un
professeur veut que son élève travaille, il doit
non-seulement être poli dans ses rapports avec
lui, mais le traiter encore dans toutes les occa-
sions, comme un père traite son enfant.

LA GÉOGRAPHIE.

Qu'entendez-vous par ces derniers mots?

CASIMIR.

J'entends que si un maître, au lieu d'affec-
tionner son élève, le regarde comme un bloc de
marbre à ciseler, celui-ci prend du dégoût pour
l'étude et perd son temps.

LA GÉOGRAPHIE.

Monsieur le négociant, vous avez un fils rempli d'intelligence et de sens.

LE NÉGOCIANT.

Le miel le plus doux flatterait moins mon palais que vos paroles sur le mérite de mon Casimir ne caressent mes oreilles.

LA GÉOGRAPHIE.

Un père est toujours père.

LE NÉGOCIANT.

Sans jamais cesser de l'être.

LA GÉOGRAPHIE.

Casimir, quelle est la forme de la terre?

CASIMIR.

La terre est ronde, de forme sphérique.

LA GÉOGRAPHIE.

Quel aspect présente-t-elle?

CASIMIR.

Elle présente l'aspect d'une boule immense,
un peu aplatie aux extrémités.

LA GÉOGRAPHIE.

En voyant donc une boule, on voit la terre
en petit, avec la seule différence de son volume
plus considérable.

CASIMIR.

Toutes les géographies du monde ne l'en-
seignent pas autrement.

LA GÉOGRAPHIE.

Cependant, en promenant ses regards sur l'immense plaine de l'océan et sur les parties du globe qui ne sont pas sous les eaux, on ne peut guère croire à la convexité de sa surface.

CASIMIR.

La mer et la partie basse de la terre ne sont plates qu'en apparence.

LA GÉOGRAPHIE.

Mais nous le voyons ainsi : est-ce que les yeux peuvent nous tromper ?

CASIMIR.

Ils trompent chaque fois que nous les appliquons à des objets qu'il leur est impossible de saisir. Ainsi, s'ils jugent sainement de la convexité de la boule , dont ils embrassent tout le volume, ils ne sauraient le faire de celle du globe, rendue imperceptible par son immensité.

LA GÉOGRAPHIE.

Ma mère est-elle donc bien grande ?

CASIMIR.

Votre mère a neuf mille lieues de circonférence et plus de trois mille lieues de diamètre.

LA GÉOGRAPHIE.

Comment fait-on pour s'assurer de la situa-

tion des lieux , des uns à l'égard des autres ,
dans une étendue de terre ou d'eau aussi prodigieuse.

CASIMIR.

On a imaginé pour cela *quatre points cardinaux* ; autant de *collatéraux* ; huit d'*intermédiaires*, c'est-à-dire, de placés entre les cardinaux et les collatéraux ; les *degrés de longitude*
et de *latitude*.

LA GÉOGRAPHIE.

Je vous serais obligée de me nommer les quatre points cardinaux.

CASIMIR.

Les quatre points cardinaux sont l'*Est*,
levant ou orient ; l'*Ouest*, couchant ou occident ; le *Nord*, septentrion ; le *Sud*, midi.

LA GÉOGRAPHIE.

Connaissez-vous également les quatre points
collatéraux ?

CASIMIR.

On les nomme *Nord-est, Nord-ouest, Sud-
est, Sud-ouest*.

LA GÉOGRAPHIE.

Que dites-vous des huit points intermédiaires ?

CASIMIR.

Voici leurs noms : le *Nord-nord-est* ; le *Nord-nord-ouest* ; l'*Est-nord-est* ; l'*Ouest-nord-ouest* ; le *Sud-sud-est* ; le *Sud-sud-ouest*; l'*Est-sud-est* ; l'*Ouest-sud-ouest*.

LA GÉOGRAPHIE.

Me voilà fort satisfaite de toutes les réponses que vous avez faites à mes diverses questions. Il s'agit de continuer votre route avec courage sans jamais regarder derrière vous.

LE NÉGOCIANT.

Il y a de l'étoffe ; ne l'épargnez pas.

LA GÉOGRAPHIE.

Il faut que le travail soit aussi raisonnable que l'élève.

CASIMIR.

Mademoiselle, je suis au comble de la joie que mon père ait eu l'heureuse pensée de me placer sous votre intelligente direction.

LA GÉOGRAPHIE.

Avec de la docilité et de l'application, je ferai de vous un habile et honnête négociant.

CASIMIR.

Puissiez-vous n'avoir jamais à me faire le plus léger reproche !

LA GÉOGRAPHIE.

Connaissez-vous la *latitude ?*

CASIMIR.

La *latitude* est la dimension du globe du nord au sud, coupée par l'équateur en deux parties, dont chacune à 90 degrés, ce qui fait 180 d'un pôle à l'autre.

LA GÉOGRAPHIE.

Combien y a-t-il de sortes de latitudes ?

CASIMIR.

On en distingue de deux sortes ; la latitude nord et la latitude sud.

LA GÉOGRAPHIE.

Qu'est-ce que la *longitude ?*

CASIMIR.

La *longitude* est la dimension de l'ouest à l'est, coupée par un premier méridien en deux parties, dont chacune comprend 180 degrés.

LA GÉOGRAPHIE.

Combien distingue-t-on de sortes de longitudes ?

CASIMIR.

De deux sortes, la longitude *est* et la longitude *ouest*.

LA GÉOGRAPHIE.

De quel premier *méridien* les Français comptent-ils la longitude ?

CASIMIR.

Les Français comptent la longitude de l'Observatoire de Paris.

LA GÉOGRAPHIE.

En combien de parties se divise le *degré* ?

CASIMIR.

Le *degré* se divise en soixante minutes ; la *minute*, en soixante secondes ; la *seconde*, en soixante tierces, etc., etc.

LA GÉOGRAPHIE.

Quel nombre de lieues de France contient chaque degré ?

CASIMIR.

Chaque degré contient vingt-cinq lieues.

LA GÉOGRAPHIE.

Combien la terre a-t-elle de sortes de mouvements ?

CASIMIR.

Elle en a deux, dont un *diurne*, et l'autre *annuel* : par le mouvement diurne, elle tourne sur elle-même toutes les vingt-quatre heures, et par le mouvement annuel, elle fait sa révolution autour du soleil dans l'espace de trois cent soixante-cinq jours , six heures moins quelques minutes.

LA GÉOGRAPHIE.

Celui qui ne serait pas content de vos réponses , ferait preuve de peu de discernement. J'en suis si satisfaite moi-même , que je vous permets de vous retirer avec monsieur votre père, avec prière de préparer la leçon de demain aussi bien que vous avez préparé celle d'aujourd'hui.

QUATRIÈME SCÈNE.

LA TERRE , L'UNIVERS, LA GÉOGRAPHIE , LA MER , LE CONTINENT, CASIMIR , LE NÉGOCIANT.

LA GÉOGRAPHIE.

Puissant monarque , je suis d'autant plus enchantée de votre présence auguste en ce lieu, que vous allez entendre un des meilleurs élèves de la cité.

L'UNIVERS.

Rien ne me surprend de votre part à l'endroit d'une excellente instruction.

LA TERRE.

Ma fille ne se nourrit que des moyens de hâter le développement des connaissances et de la vertu dans l'esprit et le cœur de ses élèves.

L'UNIVERS.

Elle fait ce que chacun devrait faire pour avancer rapidement dans les voies de la perfection.

LA GÉOGRAPHIE.

Dieu ne nous a pas mis au monde pour y rester les bras croisés, ou pour ne donner qu'à demi notre attention à ce qui l'exige tout entière.

L'UNIVERS.

Plusieurs pèchent grièvement, en dormant, lorsqu'ils devraient être éveillés ; en se promenant sur la place, lorsque le travail les appelle au champ ou ailleurs.

LA TERRE.

C'est un reproche que le souverain juge ne fera point à ma fille : car, à l'exception des courtes heures du sommeil et des repas, on la trouve toujours en prière ou au travail.

L'UNIVERS.

Si la lampe ne cesse pas d'être allumée, le céleste Époux, au lieu de surprendre l'épouse, la trouvera prête à le suivre dans le séjour de la gloire.

LA TERRE.

Ma fille, quel est ce monsieur, entrant avec un jeune homme qu'il conduit par la main ?

LA GÉOGRAPHIE.

C'est un négociant de la cité, le père du fameux élève dont je vous parlais tout à l'heure.

LA TERRE.

Faites-les venir auprès de nous.

LA GÉOGRAPHIE.

Monsieur le négociant, veuillez bien vous avancer ici.

LE NÉGOCIANT.

J'ai l'honneur de vous présenter mon fils.

LA GÉOGRAPHIE.

Casimir, comment allez-vous depuis hier ?

CASIMIR.

Mademoiselle, je ne mérite pas que vous daigniez vous occuper de moi.

LA GÉOGRAPHIE.

Vous ignorez donc mon affection pour vous.

CASIMIR.

Si vous me connaissiez bien, au lieu de m'aimer, vous m'auriez en horreur.

LA GÉOGRAPHIE.

Vous m'avez si bien répondu hier sur les questions même les plus ardues, que vous ne sauriez plus être indifférent à mon esprit.

CASIMIR.

Je puis savoir quelque chose ; mais ma méchanceté me rend indigne de paraître en la présence des gens de bien.

LA GÉOGRAPHIE.

Monsieur le négociant, qu'avez-vous donc ? vos yeux paraissent mouillés de larmes.

LE NÉGOCIANT.

Casimir a fait le sot ce matin.

LA GÉOGRAPHIE.

Est-ce vrai, Casimir ?

CASIMIR.

Ne vous l'ai-je pas exprimé assez clairement, en disant ce que j'ai dit ?

LE NÉGOCIANT.

Il a fait mettre sa mère dans une violente colère, par une de ces désobéissances qui ne sont plus de son âge.

LA GÉOGRAPHIE.

Je m'explique en quelque sorte les désobéissances , les manques de respect d'un fils envers son père , par le genre de vie que celui-ci mène à son égard ; ne se trouvant guère tête-à-tête, que pendant les repas , et bien souvent qu'après les fatigues de la journée, pour peu que l'enfant se dérange ou dans ses paroles , ou dans ses actes , le père l'accable ordinairement de reproches, mérités à la vérité , mais qui ne manquent jamais de produire l'effet contraire à ses désirs.

Ce n'est pas ainsi de la mère : toujours face à face avec ses chers enfants , elle leur procure tous les objets propres à les contenter. Sont-ils malades ? elle ne souffre point d'autre garde qu'elle même, ayant toujours les oreilles tendues pour entendre le moins plaintif de leurs soupirs , et les yeux fixés sur leurs lits pour découvrir jusqu'au moindre de leurs mouvements.

C'est bien telle chose qu'une mère : elle est si prévenante , si aimante, si caressante ; ses yeux, ses discours , ses manières ont tant d'attraits pour ses tendres nourrissons , que l'enfant le plus inhumain n'ose lui refuser l'obéissance et l'amour qui lui sont dus.

Jamais la condescendance et la vénération du rebelle Coriolan pour sa mère ne s'effacera de ma mémoire. Ce traître , ayant investi Rome sa patrie avec une armée étrangère, la reine de l'univers eût succombé infailliblement sous les efforts de son citoyen révolté, si Véturie, sa mère, n'avait désarmé son bras victorieux. Les citoyens les plus considérables de la ville, ses plus respectables magistrats, ses prêtres, revêtus de leurs plus magnifiques ornements, s'étaient en vain présentés à son camp. Ses tendres enfants et son épouse chérie, bien que couverts d'habits de deuil et les joues inondées de larmes, avaient été repoussés sans pitié, lorsque l'arrivée soudaine de celle qui le porta neuf mois dans son sein et le nourrit de son lait, brisant son courage obstiné et fondant les glaces de son cœur, obtient de son fils, inaccessible à toute autre considération qu'à la sienne, la levée du siége.

C'est pourquoi, si c'est une faute grave de désobéir à l'auteur de ses jours, c'est un énorme crime d'abreuver d'amertume l'âme de la meilleure, pour ne pas dire de la seule amie que nous ayons, par de continuelles transgressions à sa volonté.

LE NÉGOCIANT.

On a pu voir couler des larmes des yeux de mon fils pendant tout le temps que Mademoiselle a parlé.

L'UNIVERS.

C'est une preuve qu'il sent toute l'énormité de sa faute.

LA TERRE.

Ma fille est si bonne que ce seul signe de repentir le met entièrement dans ses bonnes grâces.

LA GÉOGRAPHIE.

Oui ! je lui pardonne de très bon cœur son égarement, à condition qu'il promette d'être soumis et respectueux à l'avenir.

CASIMIR.

J'aimerais mieux cesser de vivre que de retomber dans mes anciennes erreurs.

LE NÉGOCIANT.

Cette résolution, prise en présence de si hauts et puissants personnages, remplira le cœur de ta mère des plus douces consolations.

CASIMIR.

Supplie-la instamment de me pardonner, l'assurant qu'elle n'aura jamais plus à se plaindre de moi.

L'UNIVERS.

Il est réservé à Mademoiselle d'opérer journellement les plus rares merveilles.

LA TERRE.

Il est impossible de résister aux accents persuasifs de sa voix.

LE NÉGOCIANT.

En guérissant mon fils, elle fait un véritable prodige.

CASIMIR.

Il n'est nullement à craindre que je tombe dans une rechute.

LA GÉOGRAPHIE.

Oublions donc le passé pour ne nous occuper que du présent.

CASIMIR.

Je n'ai point d'autre volonté que la vôtre.

LA GÉOGRAPHIE.

Combien y a-t-il de *mois* dans l'année ?

CASIMIR.

Douze, dont sept de 31 jours chacun, quatre de 30, et un de 28.

LA GÉOGRAPHIE.

Nommez les mois de 31 jours.

CASIMIR.

Ce sont les mois de *janvier*, de *mars*, de *mai*, de *juillet*, d'*août*, d'*octobre* et de *décembre*.

LA GÉOGRAPHIE.

Nommez les quatre de 30 jours.

CASIMIR.

Ce sont les mois d'*avril*, de *juin*, de *septembre* et de *novembre*.

LA GÉOGRAPHIE.

Quel est le mois de 28 jours?

CASIMIR.

C'est le mois de *février*.

LA GÉOGRAPHIE.

Ce dernier mois n'a-t-il jamais que 28 jours?

CASIMIR.

Les six heures moins quelques minutes que l'année solaire compte au-dessus de ses 365 jours, forment, tous les quatre ans, un jour de plus qu'on ajoute aux 28.

LA GÉOGRAPHIE.

Comment appelle-t-on l'année où le mois de février compte 29 jours, au lieu de 28 ?

CASIMIR.

On la nomme *bissextile*.

LA GÉOGRAPHIE.

Qu'entendez-vous par *lettres dominicales* ?

CASIMIR.

J'entends celles des sept premières de l'alphabet, qui, placées à côté de chaque jour de la semaine, à compter du premier janvier, tombent les dimanches.

LA GÉOGRAPHIE.

Combien y a-t-il de *semaines* dans une année ?

CASIMIR.

52 , plus un jour.

LA GÉOGRAPHIE.

Pourriez-vous me nommer les *cercles parallèles* qu'on a supposé passer autour de la terre ?

CASIMIR.

Il y en a cinq : l'*Équateur*, qui partage la terre en deux parties égales, dont l'une septentrionale et l'autre méridionale.

LA GÉOGRAPHIE.

A quelle heure le soleil se lève-t-il et se couche-t-il, les deux jours qu'il parcourt ce cercle ?

CASIMIR.

Le 22 septembre, premier jour d'automne, et le 23 de mars, premier jour de printemps, appelés les *équinoxes*, le soleil se lève et se couche à six heures précises; c'est-à-dire, que les nuits sont égales aux jours pour tous les peuples de l'univers.

LA GÉOGRAPHIE.

Quels sont les *cercles parallèles* les plus proches de l'équateur?

CASIMIR.

Ce sont les *tropiques du cancer* et du *capricorne*, à la distance l'un de l'autre de 1175 lieues de France.

LA GÉOGRAPHIE.

Quel est le climat de cette vaste région?

CASIMIR.

On l'appelle *zone torride*, à cause des chaleurs dévorantes qui n'y discontinuent presque pas de toute l'année.

LA GÉOGRAPHIE.

De quelle longueur les jours y sont-ils et comment le soleil y darde-t-il ses brûlants rayons?

CASIMIR.

Les jours y sont constamment égaux aux nuits, et malgré l'obscurité de douze heures, la température y serait insupportable aux plantes, aux animaux et aux hommes, si des rosées très-abondantes n'y rafraîchissaient point l'atmosphère.

LA GÉOGRAPHIE.

Quelle est la couleur de l'homme en ces lieux embrasés?

CASIMIR.

C'est la couleur noire dans ses diverses nuances.

LA GÉOGRAPHIE.

Quels noms donnez-vous aux climats des pays situés entre les *tropiques du cancer* et du *capricorne*, et les *cercles* des poles *arctique* et *antarctique*, qui leur sont parallèles?

CASIMIR.

On les appelle les deux *zones tempérées*, à cause du milieu entre les trop fortes chaleurs et les froids trop piquants.

LA GÉOGRAPHIE.

Combien de largeur occupent-elles?

CASIMIR.

Leur étendue est de 2150 lieues.

LA GÉOGRAPHIE.

Qu'y trouvez-vous de particulier?

CASIMIR.

Ce sont les plus beaux comme les plus agréables pays du globe, surtout dans les contrées

méridionales ou les moins distantes de la zone
torride. La terre y est couverte de plantes aro-
matiques, embaumant l'air de leurs doux parfums ; d'immenses forêts , destinées par la sagesse éternelle à purifier les putrides émanations
de l'air ; d'arbres de toute espèce dont les fruits
sont délicieux au goût et de toutes sortes de
productions , capables de récréer les yeux et de
réjouir le cœur de ses innombrables habitants.

La couleur blanche , depuis la plus éclatante
jusqu'à la basanée , fait une race à part, privi-
légiée , des hommes de ces régions les plus
peuplées et les plus civilisées de l'univers.

LA GÉOGRAPHIE.

N'y a-t-il pas deux noms particuliers aux
zones tempérées ?

CASIMIR.

La zone tempérée , comprise entre le tropique du cancer et le cercle polaire arctique ,
s'appelle *zone tempérée septentrionale* ; et la zone tempérée comprise entre le tropique du capricorne et le cercle polaire antarctique, s'appelle *zone tempérée méridionale.*

LA GÉOGRAPHIE.

Comment se nomment les climats des pays
situés entre le *cercle polaire arctique* et le pôle

du même nom , entre le *cercle polaire antarctique* et le même pôle ?

CASIMIR.

On les nomme *zone glaciale arctique* et *zone
glaciale antarctique.*

LA GÉOGRAPHIE.

Quel aspect présentent ces contrées ?

CASIMIR.

Les mers comme les terres y sont couvertes
d'éternels frimats : c'est un vrai spectacle de
désolation et de mort.

LA GÉOGRAPHIE.

Y trouve-t-on des êtres vivants ?

CASIMIR.

On y trouve beaucoup de poissons et certaines races d'animaux , mais peu d'hommes.

LA GÉOGRAPHIE.

Quel est leur travail et de quoi y vivent-ils ?

CASIMIR.

Ils y vivent de chasse et de pêche, se revê-
tant de la peau des animaux dont les chairs leur
servent de nourriture.

LA GÉOGRAPHIE.

Quels sont le teint et la forme de ces hommes?

CASIMIR.

Ils sont blancs, mais de très-petite taille.

LA GÉOGRAPHIE.

Pourrions-nous résister à l'action d'une si rude température ?

CASIMIR.

Nous le pourrions pendant les quelques jours d'été, mais nous y serions asphyxiés par l'excessive froidure de l'hiver.

LA GÉOGRAPHIE.

Quelle est l'étendue de ces deux zones ?

CASIMIR.

De 1175 lieues.

LA GÉOGRAPHIE.

En additionnant l'espace occupé par les cinq zones ou climats, combien le total donne-t-il de lieues ?

CASIMIR.

4500, ou la moitié de la circonférence du globe terrestre.

LA GÉOGRAPHIE.

Auriez-vous la bonté de nous le démontrer ?

CASIMIR.

La zone torride comprend 1175 lieues ; les

deux glaciales autant, ce qui constitue le nombre de 2350 ; si vous ajoutez à ces 2350 les 2150 des deux zones tempérées, il vous revient au total 4500.

LA GÉOGRAPHIE.

Comment vous y êtes-vous pris pour arriver au bout de ce calcul ?

CASIMIR.

J'ai multiplié le nombre des degrés par 25, et les produits, réunis en une seule somme, m'ont donné les lieues que je vous ai énoncées.

LA GÉOGRAPHIE.

Dites-nous le nombre des degrés contenus dans chaque zone.

CASIMIR.

La zone torride compte 47 degrés, les deux glaciales 23 et demi chacune, ou 47 les deux, et les deux tempérées 43 chacune, ou 86 les deux. Or, 47 et 47 font 94, auxquels en ajoutant 86, on a pour total 180, ou l'étendue de la demi-circonférence de la terre.

L'UNIVERS.

On ne peut que louer Casimir sur sa manière de procéder dans des questions assez élevées pour son âge.

LA GÉOGRAPHIE.

Puisque les yeux ne peuvent point distinguer la convexité de notre globe, comment s'y prend-on pour parvenir sûrement à cette démonstration ?

CASIMIR.

Parmi les mille expériences, faites à diverses époques pour s'assurer que la surface de la terre est convexe, en voici la plus sensible comme la plus propre à convaincre le plus grand nombre des lecteurs.

Un navire part d'une rade. Son capitaine, officier muni de tous les instruments nécessaires, a en face de lui une haute montagne, depuis sa racine jusqu'à son sommet. Or, si la mer, partie intégrante du globe, est plate, dans le sens littéral du mot, à quelque distance qu'on s'en trouve, la supposa-t-on de plusieurs milliers de lieues, il verrait toujours et le pied et la cime du mont, si toutefois il pouvait les apercevoir avec le secours d'une lunette à longue vue.

Mais c'est tout le contraire qui arrive. Il perd d'abord de vue les parties les plus basses et successivement toutes les autres, jusqu'à la pointe la plus élevée de la chaîne qu'il avait choisie pour son épreuve.

LA TERRE.

En vérité, on ne peut rien avancer de plus précis et de plus convaincant sur ma forme sphérique.

LA GÉOGRAPHIE.

Casimir, en me parlant des nègres et des blancs, vous m'avez inspiré l'idée de vous demander en combien de *races* se divise le genre humain, et quelle est la forme extérieure particulière à chacune d'elles?

CASIMIR.

Il y a trois races principales, la *race blanche* ou *caucasique*, la *race jaune* ou *mongolique*, et la *race nègre*. Les *races malaise*, *polynésienne* et *américaine*, tenant à la fois de la blanche et de la jaune, et plus particulièrement de cette dernière, dans laquelle on les comprend quelquefois, passeront presque inaperçues.

Si la *race blanche* est appelée caucasique, c'est parce qu'on regarde comme son berceau, le mont *Caucase*, situé entre la mer Noire et la mer Caspienne, et où l'on en trouve encore les plus beaux types. Cette race occupe l'ouest de l'ancien continent, savoir, toute l'Europe, la moitié occidentale de l'Asie, et le nord de l'Afrique. Ses caractères particuliers sont : l'ovale régulier de sa tête, un front large et presque vertical, les yeux grands, châtains ou bleus, les cheveux fins, souvent bouclés , châtains ou blonds, noirs dans les pays méridionaux, enfin une couleur blanche et rosée, brune dans les contrées chaudes.

La *race jaune*, nommée mongolique, à cause de la grande nation des Mongols en faisant partie , occupe les régions orientales de l'Asie, les extrémités boréales de la même contrée, de l'Amérique et de l'Océanie. Les hommes de cette race se reconnaissent à leur visage large et plat, à leur nez épaté, à leurs yeux très-longs, mais étroits, et relevés obliquement en dehors, à leurs cheveux noirs, lissés et raides, à leur teint jaunâtre ou olivâtre.

La *race nègre* est répandue dans la partie moyenne et dans le sud de l'Afrique, dans le midi de l'Océanie, surtout dans la Nouvelle-Hollande. Elle offre une couleur noire ou noirâtre, un front déprimé, des machoires avancées, des dents obliques, plus longues que dans les deux autres races, un nez large et épaté, de grosses lèvres, une bouche très-grande, des joues proéminentes et des cheveux noirs.

La *race malaise*, répandue dans une petite partie du sud-est de l'Asie, dans l'ouest de l'Océanie, à Madagascar et dans une partie de l'Afrique, a un teint olivâtre, brun ou rougeâtre, les cheveux noirs, longs et luisants, la face aplatie, le nez épaté, la bouche grande.

La *race polynésienne* habite la partie orientale de l'Océanie. Les hommes de cette variété ont la peau basanée ou jaune citron clair, la couvrant ordinairement d'un singulier tatouage ; ils sont grands, bien faits et robustes ; leurs cheveux sont longs et lisses, leur figure ovale, leur front découvert et arrondi, leur cou gros, leur œil bien fendu, leurs sourcils très fournis, leur nez légèrement épaté, leur bouche un peu grande, leurs lèvres épaisses et leur menton arrondi.

La *race américaine* ou *rouge* comprend les sauvages de l'Amérique, c'est-à-dire, les indigènes américains. Elle a la peau d'un rouge de cuivre, les cheveux plats et tombants, les yeux grands, la tête allongée, le front déprimé, le nez long, saillant et aquilin.

Tels sont à peu près les traits les plus caractéristiques, distinguant les races d'hommes répandues sur la surface du globe.

LA GÉOGRAPHIE.

Sauriez-vous me dire de quel nombre d'individus environ elles sont composées ?

CASIMIR.

Comme le calcul ne peut qu'être approxima-

tif, à cause des invincibles difficultés qui s'op-
posent à son exactitude, on croit que la population entière se monte à environ 900,000,000
d'habitants.

LA GÉOGRAPHIE.

Vous m'avez dit que les six heures, moins
quelques minutes, formaient tous les quatre ans,
un jour qu'on ajoutait, cette année là, au 28
du mois de février, ce qui la faisait appeler *bissextile*; mais que fait-on de ces quelques minutes, pouvant troubler par la suite cette sage com-
binaison ?

CASIMIR.

De quatre siècles les trois dernières années
des trois premiers ne sont pas bissextiles, la dernière du quatrième rentrant dans l'ordre commun.

LA GÉOGRAPHIE.

Si les peuples habitant la zone torride ont
les nuits presque égales aux jours pendant toute
l'année, quelle est la position des autres peuples
par rapport à l'astre du jour ?

CASIMIR.

Les nations, situées dans les zones tempérées, ont les jours d'autant plus longs, en été,
et d'autant plus courts, en hiver, qu'elles sont

plus près des cercles polaires, et par contre, d'autant moins longs et d'autant moins courts dans les mêmes saisons, qu'elles sont plus voisines des tropiques.

LA GÉOGRAPHIE.

A quoi doit-on cette différence ?

CASIMIR.

A l'angle plus ou moins obtus que la terre trace autour du soleil.

LA GÉOGRAPHIE.

Puisque nous en sommes sur cet article, dites-moi ce qui se passe aux pôles à ce sujet ?

CASIMIR.

Comme la terre tourne en ces lieux perpendiculairement sur elle-même, il en résulte que le soleil éclaire chacun d'eux six mois consécutifs.

LA GÉOGRAPHIE.

La nuit y est-elle profonde pendant les six mois de l'absence du soleil ?

CASIMIR.

Il y a deux mois d'aurore avant le lever du soleil ; deux mois de crépuscule, après son coucher, et pendant les autres deux mois, la lune éclaire deux fois quinze jours, ce qui réduit les ténèbres à un mois.

LA GÉOGRAPHIE.

Depuis quand le soleil éclaire-t-il le pôle arctique?

CASIMIR.

Depuis l'équinoxe du printemps jusqu'à celui de l'automne.

LA GÉOGRAPHIE.

Combien de temps accorde-t-il la même faveur au pôle antarctique?

CASIMIR.

Six mois encore, c'est-à-dire, à compter de l'équinoxe de l'automne jusqu'à celui du printemps.

LA GÉOGRAPHIE.

De quel côté sont tournées les ombres dans les divers climats?

CASIMIR.

Sous l'équateur même, il n'y a pas d'ombre à midi, le soleil dardant tout à fait perpendiculairement ses rayons.

Entre l'équateur et les tropiques du cancer et du capricorne, le peu d'ombre est tantôt vers le midi et tantôt vers le nord, selon le temps où l'on se trouve; les peuples situés entre l'équateur et le tropique du cancer, l'ayant le plus souvent vers le nord, et les peuples habitant entre l'équateur et le tropique du capricorne, presque toujours vers le midi.

Les peuples de la zone tempérée septentrionale ont constamment l'ombre vers le nord, et les peuples de la zone tempérée méridionale, constamment vers le midi.

Comme le soleil ne cesse de tracer un véritable cercle sur les pôles, les habitants de ces lieux désolés voient leur ombre tourner continuellement autour d'eux.

LA GÉOGRAPHIE.

Si vous n'étiez point fatigué, nous pourrions continuer notre examen ; mais la modération est nécessaire jusque dans le bien.

CASIMIR.

Je me trouve fort bien ici.

L'UNIVERS.

J'approuve la maxime de Mademoiselle : trop de nourriture expose au danger d'une indigestion.

LA TERRE.

J'ignore comment elle est parvenue à tout savoir.

L'UNIVERS.

C'est en analysant son propre cœur, de manière à ne rien laisser passer d'inaperçu.

LA TERRE.

En effet, ce qui gâte bien des gens et les fait trouver les mains vides au bout de leur carrière, c'est de fermer les yeux sur les vices qui les flattent.

LA GÉOGRAPHIE.

Casimir, j'ai encore un problème à présenter à la solution de votre esprit.

CASIMIR.

Mademoiselle, vous le pouvez sans crainte de me contrarier.

LA GÉOGRAPHIE.

Qu'est-ce qui produit l'hiver et l'été?

CASIMIR.

C'est, d'un côté, le plus ou le moins de temps que le soleil reste sur l'horizon, et de l'autre, la manière plus ou moins verticale ou horizontale dont ses rayons frappent la terre.

LA GÉOGRAPHIE.

Pour être compris, vous avez besoin de vous expliquer plus simplement.

CASIMIR.

Quoique plus éloignés de nos contrées aux mois de juin et de juillet qu'aux mois de janvier et de février, les rayons du soleil, tombant presque perpendiculairement à cette époque et agissant sur elles la moitié plus de temps, ils les échauffent d'autant plus que les nuits sont en même temps trop courtes pour les refroidir : voilà l'origine de l'été.

Voici celle de l'hiver : comme, bien que plus près de la terre dans les deux derniers mois, le soleil ne la frappe qu'horizontalement, de manière à ce que ses rayons ne font que glisser sur elle, sa surface se refroidit d'autant plus vite que les jours sont plus courts et les nuits plus longues.

LA GÉOGRAPHIE.

Combien y a-t-il de *saisons* dans l'année, et comment les nomme-t-on?

CASIMIR.

On partage l'année en quatre saisons : en *printemps*, en *été*, en *automne* et en *hiver*.

LA GÉOGRAPHIE.

A quelles époques commencent-elles?

CASIMIR.

Le *printemps* commence à l'équinoxe de mars, l'*été* au solstice de juin, l'*automne* à l'équinoxe de septembre, et l'*hiver* au solstice de décembre.

LA GÉOGRAPHIE.

Est-ce au commencement ou à la fin des mois que vous venez de nommer?

CASIMIR.

C'est du 22 au 23 de chacun de ces mois que ces diverses révolutions s'accomplissent.

LA GÉOGRAPHIE.

Qu'entendez-vous par le mot *solstice ?*

CASIMIR.

C'est le temps où le soleil se trouve dans son plus grand éloignement de l'équateur. Il y en a deux, celui d'été et celui d'hiver, c'est-à-dire, le jour le plus long et le jour le plus court pour les habitants des zones tempérées.

(*L'*Univers, *la* Terre, *la* Géographie *manquent de termes assez expressifs pour témoigner à* Casimir *le vif contentement que la justesse de ses réponses leur a procuré. Après lui avoir donc serré cordialement la main, chacun se retire dans son appartement.*)

CINQUIÈME SCÈNE.

LA GÉOGRAPHIE ET CASIMIR.

CASIMIR.

Aujourd'hui que je me trouve tête-à-tête avec vous, sans aucun témoin, mon esprit et mon cœur jouissent d'une plus grande tranquillité.

LA GÉOGRAPHIE.

Vos paroles m'étonnent d'autant plus, que

la justesse de vos réponses , bien que faites en présence de plusieurs personnes , m'a prouvé que vous vous possédiez parfaitement.

CASIMIR.

C'est égal , toutes les fois qu'un certain nombre d'oreilles paraissent empressées de se saisir des sons près d'être produits par votre organe , on ne laisse jamais d'éprouver des sensations de timidité.

LA GÉOGRAPHIE.

Ce que vous dites est fort rationnel ; mais comme l'on ignore à quel état la divine Providence nous destine , il est bon de s'habituer à parler en public.

CASIMIR.

Sans dire non , la bonté de ma réflexion demeure intacte.

LA GÉOGRAPHIE.

Comment êtes-vous avec Madame votre mère ? en quels termes vivez-vous avec elle ?

CASIMIR.

Comme avec vous-même : aussi, mon obéissance envers elle n'a plus de bornes , de même que ses affectueuses manières à mon égard .

LA GÉOGRAPHIE.

Dieu habite dans toute maison où la paix et
l'amour exercent leur doux empire.

CASIMIR.

Je suis plus convaincu que jamais de cette
maxime, contenue dans les livres saints.

LA GÉOGRAPHIE.

Me promettez-vous de rester fidèle à votre
nouveau genre de vie ?

CASIMIR.

Tant que j'aurai une goutte de sang dans les
veines, elle brûlera d'amour pour ma mère.

LA GÉOGRAPHIE.

C'est ainsi que je vous voulais.

CASIMIR.

Vous ne me verrez jamais plus autrement.

LA GÉOGRAPHIE.

Que le Seigneur en soit béni dans tous les
siècles avec le Fils et le St-Esprit !

CASIMIR.

Je sens tout le prix de cette bienveillante
exclamation.

LA GÉOGRAPHIE.

Et la leçon, comment la savez-vous ?

CASIMIR.

Je n'ai rien négligé pour la comprendre d'abord, et ensuite pour la retenir.

LA GÉOGRAPHIE.

Qu'est-ce donc que le *vent ?*

CASIMIR.

Le *vent* est l'agitation de l'air plus ou moins violente.

LA GÉOGRAPHIE.

Qu'est-ce qui agite l'air ?

CASIMIR.

C'est le balancement de la terre au milieu de l'atmosphère, ou l'influence des astres ou des planètes, qui l'attirent vers eux, ou qui tournent autour d'elle-même, ou bien encore l'action des nues suspendues dans les airs.

LA GÉOGRAPHIE.

Puisque le mouvement des corps, suspendus dans le vide, est continuel, d'où vient que les vents, au lieu de souffler toujours et dans la même direction, cessent quelquefois pendant des semaines, des mois entiers et souvent davantage, passant du levant au couchant, du nord au midi, au moment qu'on s'y attend le moins ?

CASIMIR.

Il y a dans cette matière invisible, quoique sensible, des combinaisons qui ont échappé aux calculs de la science de tous les temps, et dont Dieu a voulu se réserver le secret à lui seul, pour confondre la sagesse des plus sages.

D'ailleurs, un obstacle peut arrêter ou détourner la marche du vent, comme il arrête ou détourne tout autre objet, auquel il est opposé ; ainsi les flots de la mer, les nuages, les brouillards, les montagnes, les forêts, apaisent, écartent, rendent la tempête plus furieuse, selon que celle-ci est plus forte ou plus faible qu'eux, l'obligeant dans les deux cas à redoubler d'efforts pour les vaincre.

LA GÉOGRAPHIE.

Combien y a-t-il de sortes de vents ?

CASIMIR.

Les vents soufflent alternativement par tous les points du globe ; mais on n'en distingue en réalité que seize, nombre égal aux points cardinaux, collatéraux et intermédiaires.

LA GÉOGRAPHIE.

Quels sont les vents qui amènent la pluie ou la dissipent ?

CASIMIR.

Les vents qui soufflent du côté d'une mer peu

éloignée, couvrent le ciel de nuages, et les vents qui viennent du côté des terres produisent la sérénité.

LA GÉOGRAPHIE.

Quel nom donnez-vous au vent, qui, pendant les quelques heures qu'il souffle quelquefois en été, jaunit les feuilles les plus vertes et dessèche les fruits ?

CASIMIR.

On l'appelle le *siroco* : traversant le vaste désert du *Sahara*, il emporte sur ses ailes brûlantes une si grande quantité de grains de sables embrasés, qu'il fane les fleurs et frappe de mort les germes encore tendres.

LA GÉOGRAPHIE.

D'où vient que le vent du nord est toujours froid, même en été, et celui du midi, constamment tempéré, même en hiver ?

CASIMIR.

Le vent du nord, surtout le direct, passant sur des montagnes de glaces, de frimats et de neige, arrive dans nos climats tout imprégné de mollécules des corps froids, entassés au berceau de sa naissance, tandis que le vent du midi, perdant sa froidure dans son passage sous les tropiques, s'offre à nous avec les modifications survenues dans ses allures.

LA GÉOGRAPHIE.

Pourriez-vous indiquer les causes de la froidure des vents d'est et de sud-ouest ?

CASIMIR.

Ces vents-là, traversant les Alpes et les Pyrénées qui sont des chaînes de montagnes très-élevées, séparant la France de l'Italie et de l'Espagne, se refroidissent nécessairement et ne peuvent ainsi qu'élever notre propre température.

LA GÉOGRAPHIE.

Que pensez-vous du *flux* et du *reflux* de l'Océan ?

CASIMIR.

On a beaucoup écrit sur ce phénomène, comme sur les vents ; aussi on commence à connaître la véritable raison de son existence.

LA GÉOGRAPHIE.

Savez-vous bien en quoi consiste ce phénomène ?

CASIMIR.

Je sais que la mer se retire des côtes, toutes les six heures, ce qu'on appelle le *reflux*, pour y revenir et y séjourner le même intervalle de temps, ce qu'on appelle le *flux*.

LA GÉOGRAPHIE.

Quelle est la configuration de la mer et l'aspect de ses côtes durant ces fuites et ces retours périodiques des eaux?

CASIMIR.

La mer présente, pendant le reflux, la forme conique d'un immense pain de sucre, tandis que les havres, les ports, les rades, toutes ses extrémités, en un mot, n'offrent plus aux yeux des curieux ou des passants qu'une vase boueuse.

LA GÉOGRAPHIE.

S'accorde-t-on généralement sur les causes de si étonnantes révolutions?

CASIMIR.

On les attribue universellement à l'influence de la lune.

LA GÉOGRAPHIE.

Sur quelles raisons se fonde-t-on?

CASIMIR.

Sur ce que les flux et les reflux retardent chaque jour dans la même proportion que le lever de la lune.

LA GÉOGRAPHIE.

Pensez-vous que les autres corps célestes ne soient absolument pour rien dans la production de ce phénomène?

CASIMIR.

Puisqu'ils influent sensiblement sur les parties solides du globe, pourquoi n'auraient-ils pas sur les liquides une action capable de contribuer pour leur part aux mouvements réglés, quoique opposés, des eaux de l'océan?

LA GÉOGRAPHIE.

Avant de passer à une autre question, je voudrais revenir sur un point que j'ai oublié de vous faire éclaircir, en parlant du vent.

CASIMIR.

Vous pouvez me proposer tout ce que vous croirez utile à mon instruction. Si je me trompe dans mes réponses, c'est que vos demandes auront été au-dessus de la portée de mon âge ou de mon esprit.

LA GÉOGRAPHIE.

Si je suis contente jusqu'à présent au delà de tout ce que vous pouvez croire, je ne vois rien qui puisse changer par la suite la confiance désormais établie entre l'élève et la maîtresse.

CASIMIR.

Ni moi, non plus.

LA GÉOGRAPHIE.

Vous répondrez donc toujours de la manière la plus satisfaisante.

CASIMIR.

J'ai dit, toutes les fois que l'objet sur lequel je serai interrogé ne dépassera pas ni la maturité de mon âge, ni la faiblesse de mon esprit.

LA GÉOGRAPHIE.

Vous supposez donc que le maître ou la maîtresse ne connaît ni l'un ni l'autre de ces deux tempéraments.

CASIMIR.

Bien entendu : car s'il le connaissait, il se garderait bien de proposer à son élève une matière au-dessus de ses forces.

LA GÉOGRAPHIE.

Voilà précisément ce qui vous induit en erreur : car, lorsqu'un enfant de l'un ou de l'autre sexe arrive dans une pension, pour en suivre les cours, si son extérieur ne dit rien ou peu, huit jours ne se passent pas, sans que les diverses nuances de son caractère, ou ses divers goûts, ainsi que la portée de son intelligence ne soient mesurés et tenus pour ce qu'ils sont.

CASIMIR.

Alors j'ai parlé sans savoir ce que je disais.

LA GÉOGRAPHIE.

J'aime autant cet aveu dans votre bouche que si vous m'aviez répondu la plus belle chose du monde.

CASIMIR.

Vous me trouverez toujours prêt à faire l'aveu de mes fautes.

LA GÉOGRAPHIE.

D'où vient donc que le vent du nord, étant aujourd'hui glacial, se trouve le lendemain presque tiède, quoique continuant à souffler dans la même direction?

CASIMIR.

Si ce vent, arrivé la veille avec la barbe hérissée de gelée blanche et de glaçons, se déchaîne dans nos campagnes, sans avoir à lutter avec d'autres vents, il nous fait sentir tout ce que le rude climat d'où il part a de désolant et de terrible. Mais que le vent du midi, celui-là même qui parcourt la zone torride, avant d'arriver jusqu'à nous, se mêle à lui le lendemain, pour lui disputer l'empire, il perd de suite sa froide agitation.

LA GÉOGRAPHIE.

Pourriez-vous employer une comparaison pour rendre votre pensée plus sensible?

CASIMIR.

Si dans un vase d'eau glacée vous versez un litre d'eau bouillante, la première s'attiédit incontinent.

G. 3.   6

LA GÉOGRAPHIE.

N'avez-vous jamais entendu parler des *feux follets ?*

CASIMIR.

C'est un gaz, qui, se détachant des corps gras enfouis dans la terre, en sort par les pores et s'enflamme au contact de l'air.

LA GÉOGRAPHIE.

Ce météore était-il connu des anciens?

CASIMIR.

Aussi bien que des modernes : mais le peuple d'aujourd'hui ignore peut-être plus encore que celui d'autrefois, des phenomènes assez communs, pour être connus de tout le monde.

LA GÉOGRAPHIE.

En quels lieux ces espèces de feux se montrent-ils plus fréquemment?

CASIMIR.

Dans les cimetières et dans les marais salants.

LA GÉOGRAPHIE.

Est-il facile de les distinguer des autres météores ?

CASIMIR.

Ils durent plus longtemps et ne s'élèvent pas beaucoup au-dessus de la surface de la terre, prenant tantôt une direction, tantôt une autre, assez semblables par leur légèreté aux enfants, qui vont et viennent , sans pouvoir se fixer nulle part.

LA GÉOGRAPHIE.

Quelqu'un me demandait pourquoi le ciel reste quelquefois plusieurs jours couvert de nuages, sans qu'il tombe une seule goutte d'ean.

CASIMIR.

Tant que les couches d'air inférieures pèsent plus qu'eux, la pluie est impossible, ne pouvant passer à travers un corps qui lui refuse le passage ; mais si ces mêmes nuages , disséminés dans une immense étendue, s'amoncèlent, s'entassent les uns sur les autres , poussés par des vents contraires et deviennent plus pesants que l'ennemi placé au-dessous d'eux, ils le forcent à leur ouvrir un passage, et se résolvent immédiatement en pluie.

LA GÉOGRAPHIE.

Pourriez-vous nous expliquer pourquoi la pluie est si fine en hiver, et si forte en été?

CASIMIR.

En hiver, les nuages étant très-près de la terre, et l'air fort épais, la bruine tombe presque telle quelle est à son départ de la nue , outre que l'épaisseur de l'atmosphère ne lui permet pas

6.

facilement de s'agglomérer en tombant. C'est le contraire en été : outre que la grande hauteur des nuages facilite à leur résolution ou écoulement le moyen de se former en grosses gouttes dans la longueur du chemin, la rareté de l'air favorise admirablement pour sa part cette conjonction naturelle entre des corps homogènes.

LA GÉOGRAPHIE.

Plusieurs désireraient connaître les causes de la formation de la grêle, de la neige et des autres phénomènes dont on est témoin sur ce globe.

CASIMIR.

Lorsque dans le printemps, dans l'été ou dans 'automne, les nuages se résolvent en pluie dans une région tempérée, les gouttes d'eau, passant à travers des couches, subitement refroidies par les vents du nord, d'est ou d'ouest, se condensent et prennent la forme ronde que le tourbillon leur communique : voilà l'origine de la grêle.

Si de cette même région, froide en hiver, au lieu de tempérée, mais pourtant au-dessous de la glace, il tombe de la pluie, les gouttes ne peuvent traverser l'air inférieur et le plus voisin de la terre, sans se prendre légèrement et contracter la plus éblouissante des blancheurs.

LA GÉOGRAPHIE.

La difficulté de comprendre me paraît plus grande dans cette dernière circonstance que dans la première.

CASIMIR.

Si dans la première, l'eau durcit fortement, c'est parce qu'elle passe subitement de l'état d'ébullition dans une température instantanément refroidie, tandis que dans la seconde, dans toutes les couches d'air il y a une légère nuance de froid, plus intense pourtant aux environs de la terre que partout ailleurs ; ce qui produit la neige, au lieu de glaçons.

LA GÉOGRAPHIE.

Que penser des grenouilles, des crapauds, des chenilles de diverses couleurs et des pierres même qu'on a vu tomber en quelques endroits à diverses époques?

CASIMIR.

C'est l'effet de la violente attraction des nuages, qui, pompant l'eau dans les lieux marécageux, enlève dans les airs ce qui se trouve sous leur irrésistible action, pour les laisser tomber ensuite vers leur centre.

LA GÉOGRAPHIE.

Cependant, il n'est pas rare que les peuples, dont la pensée s'élève souvent vers le ciel, considèrent ces phénomènes comme des châtiments réservés à leur rébellion contre ses divines volontés.

CASIMIR.

Bien que ces désordres soient la conséquence naturelle de l'ordre établi primitivement par la souveraine Sagesse, rien de plus salutaire que de les tenir pour des célestes avertissements.

LA GÉOGRAPHIE.

Comme on croit généralement que la lune exerce sur notre globe une influence favorable ou défavorable, il est bon d'en connaître les diverses phases.

CASIMIR.

L'opération est si facile que les hommes les moins intelligents et ignorant même les principes de lecture, peuvent s'assurer des quartiers et du jour même de la lune.

LA GÉOGRAPHIE.

Combien la lune a-t-elle de *quartiers* ?

CASIMIR.

Elle en a quatre, appelés *premier*, *second*, *troisième* et *quatrième quartier*.

LA GÉOGRAPHIE.

Comment appelle-t-on le premier jour de la lune ?

CASIMIR.

Nouvelle lune.

LA GÉOGRAPHIE.

Et le quatorzième ?

CASIMIR.

Pleine lune.

LA GÉOGRAPHIE.

Quels jours la lune accomplit-elle ses quatre différentes phases ?

CASIMIR.

Elle accomplit la première, le sept ; la seconde, le quatorze ; la troisième, le vingt-un ; la quatrième ou dernière, le vingt-huit de chaque mois.

LA GÉOGRAPHIE.

La lune influe-t-elle sur l'atmosphère et les diverses productions des champs ?

CASIMIR.

Il y a pour le croire de bonnes raisons, basées sur l'expérience de tous les siècles.

LA GÉOGRAPHIE.

Cependant, il arrive assez souvent tout le contraire des conséquences des principes posés à ce sujet.

CASIMIR.

Il y a tant de mouvements divers et de luttes opposées parmi les éléments , qui se disputent l'empire terrestre , que le triomphe peut être quelquefois ravi au vainqueur ordinaire.

LA GÉOGRAPHIE.

Avez-vous entendu parler des éclipses de soleil et de lune ?

CASIMIR.

Il m'est arrivé même d'en avoir été le témoin oculaire.

LA GÉOGRAPHIE.

Qu'est-ce qu'une *éclipse* ?

CASIMIR.

Une *éclipse* est l'obscurcissement d'un astre par l'interposition d'un corps étranger. Elle est totale ou partielle , selon que tout son disque ou une partie seulement disparaît à nos yeux ; de lune , si la terre s'interpose entre le soleil et sa planète ; de soleil , si la lune nous dérobe les rayons de ce dernier.

LA GÉOGRAPHIE.

Les anciens connaissaient-ils aussi bien que nous ce phénomène ?

CASIMIR.

Plusieurs d'entre les astronomes de l'antiquité ont prédit toutes éclipses devant arriver dans les siècles les plus reculés. Rien n'étant plus régulier et se rencontrant mieux à point nommé dans leur marche que les globes lumineux ou opaques suspendus sur nos têtes, les calculs sur leurs diverses interpositions ne sauraient jamais être défectueux.

A la vérité, les peuples superstitieux voyaient dans l'interposition naturelle de deux astres, l'un à l'égard de l'autre, des signes évidents du courroux céleste. Mais le christianisme, éclairant de la vraie lumière toutes les régions ensevelies dans les ténèbres de l'erreur, a fini par triompher des préjugés manifestement contraires à la raison.

LA GÉOGRAPHIE.

Quand est-ce que les éclipses ont lieu ?

CASIMIR.

Les éclipses de lune, lorsque le soleil éclaire en entier la partie tournée de notre côté, ou, ce qui revient au même, en pleine lune ; et les éclipses de soleil, lorsque ce même astre darde ses rayons du côté qui nous est opposé, c'est-à-dire, à la nouvelle lune.

LA GÉOGRAPHIE.

Combien l'année lunaire a-t-elle de mois ?

CASIMIR.

Tantôt douze et tantôt treize, comme on le verra ci-après.

LA GÉOGRAPHIE.

De combien de jours est formé le mois lunaire ?

CASIMIR.

De trente ou de vingt-neuf. Lorsque le mois solaire a 31 jours, le mois lunaire qui lui correspond, en compte 30; et 29 seulement, quand le mois solaire en a 30 ou 28.

LA GÉOGRAPHIE.

De combien de jours est donc composée l'année lunaire ?

CASIMIR.

L'année lunaire est composée de 354 jours, onze de moins que l'année solaire.

LA GÉOGRAPHIE.

Quel nom donne-t-on à ces onze jours de moins à l'année lunaire sur l'année solaire ?

CASIMIR.

On les appelle *épacte*.

LA GÉOGRAPHIE.

A quoi sert l'*épacte* ?

CASIMIR.

Elle sert à trouver l'âge de la lune.

LA GÉOGRAPHIE.

Est-ce que l'almanach ne suffit pas à cette opération ?

CASIMIR.

Peut-il y avoir un plus solide et meilleur almanach que sa propre tête ?

LA GÉOGRAPHIE.

Comment s'y prend-on pour réussir dans ce calcul ?

CASIMIR.

A l'épacte de l'année présente, on ajoute le nombre 1 pour chaque mois écoulé, à compter de celui de mars, ainsi que le nombre des jours du mois ou l'on se trouve.

LA GÉOGRAPHIE.

Veuillez bien me citer un exemple pour la claire démonstration de ce que vous venez de dire.

CASIMIR.

L'année 1836 a pour épacte le nombre 23 : d'ailleurs, c'est aujourd'hui le 25 novembre : en ajoutant les deux nombres, nous avons 48, lesquels joints à leur tour à 8, résultant des mois écoulés depuis le premier mars, établissent la somme 56, de laquelle retranchant 30 ou un mois lunaire, il reste 26, véritable âge de la lune.

LA GÉOGRAPHIE.

Il faut donc ajouter trois nombres pour trouver le quantième du mois lunaire.

CASIMIR.

Oui, Mademoiselle; on additionne pour cela l'épacte de l'année, les jours du mois écoulés et le chiffre 1 pour tous les mois, depuis celui de mars seulement.

LA GÉOGRAPHIE.

Mais pourquoi ne pas commencer par celui de janvier?

CASIMIR.

Parce que les jours solaires des deux premiers mois de l'année étant égaux aux jours lunaires, il n'y a aucun reste, et par conséquent rien à prélever.

LA GÉOGRAPHIE.

Si en 1856, on a 23 d'épacte, quelle sera celle de 1857?

CASIMIR.

L'épacte de l'année prochaine sera de 4.

LA GÉOGRAPHIE.

Pourquoi donc pas de trente quatre?

CASIMIR.

Toutes les fois qu'on arrive au nombre trente ou qu'on le dépasse, on supprime ce nombre.

LA GÉOGRAPHIE.

Pourriez-vous m'en donner la raison ?

CASIMIR.

C'est un mois lunaire de plus à ajouter à cette même année qui, au lieu de douze, aura ainsi treize mois.

LA GÉOGRAPHIE.

Cette année ne porte-t-elle pas un nom partilier ?

CASIMIR.

On l'appelle *lune*, ou année *intercalaire*.

LA GÉOGRAPHIE.

Est-il aisé de trouver la fête de Pâques au moyen de l'épacte ?

CASIMIR.

Comme cette solennité ne se célèbre que le dimanche qui suit immédiatement le quatorzième de la lune de mars, il importe avant tout de trouver la pleine lune du dit mois, laquelle ne peut pas avoir lieu avant le 21.

LA GÉOGRAPHIE.

Qu'entend-on par *cycle solaire* ?

G.—8.

CASIMIR.

C'est une révolution de vingt-huit années, au bout desquelles le soleil se trouve précisément dans la même position qu'à la première du cycle.

LA GÉOGRAPHIE.

Qu'en résulte-t-il?

CASIMIR.

Que les *fêtes mobiles*, les *dimanches*, les *lettres dominicales* et autres conséquences qu'un état semblable entraîne nécessairement après lui, tombent les mêmes jours et recommencent leurs périodes dans le même sens que par le passé.

LA GÉOGRAPHIE.

Qu'entend-on par *cycle lunaire ?*

CASIMIR.

Un espace de dix-neuf ans au bout desquels les nouvelles lunes reviennent dans le même ordre.

LA GÉOGRAPHIE.

Que signifie le *nombre d'or ?*

CASIMIR.

On marquait sur les murailles de Rome l'année du *cycle lunaire* en lettres d'or ; de là l'origine du nombre portant le nom de ce précieux métal.

── 113 ──

LA GÉOGRAPHIE.

Je suis si satisfaite de toutes vos réponses,
que vous porterez à votre mère ce billet de félicitation.

CASIMIR.

Je vous remercie, Mademoiselle, du témoi-
gnage d'affection que vous venez de me donner.

LA GÉOGRAPHIE.

Si les parents doivent connaître la mauvaise
conduite de leurs enfants, on ne doit pas leur
laisser ignorer la bonne.

CASIMIR.

Je me soumets en tout à votre volonté.

LA GÉOGRAPHIE.

Vous vous reposerez demain, jour de jeudi,
pour revenir après demain.

DEUXIÈME ACTE.

—

PREMIÈRE SCÈNE.

LA GÉOGRAPHIE, LA TERRE, L'UNIVERS, CA-
SIMIR, LUCIE ET MADAME IMBERT, SA MÈRE.

LA TERRE.

Nous voici réunis pour commencer à exposer
enfin les différentes merveilles étalées sur ma
surface.

L'UNIVERS.

Le jeune Casimir a dit des choses excellentes
dans ses réponses aux questions que Mademoiselle lui a faites.

LA GÉOGRAPHIE.

C'est si vrai que je lui ai remis pour sa mère
une lettre de félicitation.

CASIMIR.

Elle l'a lue trois fois de suite, tellement le con-
tenu était agréable à son cœur.

LA TERRE.

Ces attentions de la part du maître ou de la
maîtresse produisent le meilleur effet.

L'UNIVERS.

Les élèves, assurés que leurs familles seront mises au courant de leurs progrès, s'appliquent davantage.

LA GÉOGRAPHIE.

Casimir, comment passez-vous le dimanche?

CASIMIR.

J'assiste aux offices paroissiaux, et au caté-chisme de persévérance.

LA GÉOGRAPHIE.

Que signifie ce dernier exercice?

CASIMIR.

C'est une instruction familière, un peu plus élevée pourtant que le catéchisme ordinaire, que tout bon curé établit dans sa paroisse, pour fortifier dans les bons principes les enfants qui ont fait leur première communion.

LA GÉOGRAPHIE.

Est-ce là tout le temps que vous consacrez à Dieu le saint jour du repos?

CASIMIR.

J'accompagne presque toujours mon père dans la visite qu'il fait régulièrement à une fa-mille pauvre, pour la soulager spirituellement et corporellement.

LA GÉOGRAPHIE.

Ne vous occupez-vous de rien autre?

CASIMIR.

Nous lisons, ou un chapitre de l'*Imitation*, ou
la vie du plus illustre saint de la semaine.

LA GÉOGRAPHIE.

En sanctifiant ainsi le jour du Seigneur, vous
attirez sur vous les plus abondantes bénédictions du ciel.

CASIMIR.

C'est à cette fin que nous nous privons souvent des amusements que la religion et la nature n'interdisent pas.

LA GÉOGRAPHIE.

Que voulez-vous dire par là?

CASIMIR.

Que nous n'allons presque jamais au théâtre
bourgeois, où les bonnes mœurs n'ont aucun
danger à courir.

LA GÉOGRAPHIE.

Vous n'en serez que plus magnifiquement ré-
compensé un jour.

LA TERRE.

Quelle est cette dame qui s'avance vers nous
avec une demoiselle à ses côtés?

LA GÉOGRAPHIE.

Maman, un moment de patience; nous allons
le savoir.

MADAME IMBERT.

Messieurs et Mesdames, j'ai l'honneur d'être
votre très-humble servante.

LA GÉOGRAPHIE.

En quoi pouvons-nous vous être agréables?

MADAME IMBERT.

Je venais vous supplier de donner des leçons
de géographie à ma fille Lucie.

LA GÉOGRAPHIE.

Je me charge d'autant plus volontiers de la
diriger que son air me plaît davantage.

MADAME IMBERT.

Je crois que vous serez contente de ma petite.

LUCIE.

Où allez-vous, maman?

MADAME IMBERT.

Je retournerai pour te prendre.

LUCIE.

Ayez la bonté de rester pendant la leçon.

MADAME IMBERT.

Les enfants sont tous les mêmes. Les figures

étrangères ne manquent jamais de leur inspirer de la timidité.

LA GÉOGRAPHIE.

Donnez-lui cette marque d'amitié ; elle ne réclamera plus désormais votre présence.

CASIMIR.

Lucie sent à cette heure ce que je sentis moi-même la première fois. Mais aujourd'hui, je me trouve aussi bien seul ici que si tous les membres de ma famille y étaient avec moi.

LA GÉOGRAPHIE.

Comme nous avons aujourd'hui beaucoup de matières à traiter, nous commencerons de suite.

L'UNIVERS.

Vous vous le devez à vous-même ; vous le devez à ces tendres enfants, qui, pour devenir des savants, ont besoin de mettre à profit toutes les heures du jour.

LA GÉOGRAPHIE.

Casimir, en combien de parties divise-t-on la terre ?

CASIMIR.

On divise la terre en terre proprement dite, et en eau.

LA GÉOGRAPHIE.

Quels noms assigne-t-on aux différentes parties de la terre?

CASIMIR.

On les appelle des *continents*, des *contrées*, des *îles*, des *presqu'îles*, des *caps*, des *isthmes*, des *montagnes*, des *collines*, des *volcans*, des *côtes*, des *plaines*.

LA GÉOGRAPHIE.

Qu'est-ce qu'un *continent*, et combien y en a-t-il?

CASIMIR.

Un *continent* est la plus grande masse de terre qu'on puisse parcourir sans traverser la mer. Il y en a trois : *l'ancien*, formé de l'Europe, de l'Asie et de l'Afrique ; le *nouveau*, formé de l'Amérique ; *la Nouvelle-Hollande*, située dans l'Océanie, constitue le troisième.

LA GÉOGRAPHIE.

Qu'est-ce qu'une *contrée* ?

CASIMIR.

Une *contrée*, région ou pays, est une certaine étendue de terre, présentant les mêmes caractères physiques, ou habitée par des hommes ayant les mêmes lois, les mêmes usages, la même langue, le même gouvernement.

7*

LA GÉOGRAPHIE.

Qu'est-ce qu'une *île ?*

CASIMIR.

Une *île* est un espace de terre entouré d'eau de toutes parts et bien moins spacieux qu'un continent. Des îles rapprochées les unes des autres composent des *groupes* et des *archipels.* On donne le nom d'*ilots* aux îles les plus petites. Des rochers qui s'élèvent au-dessus de l'eau, ou qui sont un peu au-dessous de sa surface, forment des *écueils*, des *récifs*, des *brisants.*

On nomme *bancs de sable* des espaces sablonneux, situés dans la mer, soit qu'ils paraissent ou qu'ils soient invisibles, quoiqu'à une très-légère profondeur.

LA GÉOGRAPHIE.

Pourriez-vous me définir une *presqu'île ?*

CASIMIR.

Une *presqu'île* ou péninsule est une portion de terre entourée d'eau, excepté d'un seul côté.

LA GÉOGRAPHIE.

Définissez-moi l'*isthme.*

CASIMIR.

L'*isthme* est un espace étroit, unissant entr'elles deux portions de terre.

LA GÉOGRAPHIE.

Qu'est-ce qu'une *montagne* ?

CASIMIR.

Les *montagnes* sont les hauteurs les plus considérables de la terre ; les plus petites élévations forment les *collines*, les *monticules*, les *tertres*, les *buttes*, les *mornes* : on donne le nom de *dunes* aux collines sablonneuses qui bordent fréquemment la mer.

Les montagnes sont généralement disposées par *chaînes* : à une *chaîne* principale se rattachent des *branches* et des *rameaux*.

On entend par *plateaux* des espaces élevés et planes, entourés par des hauteurs. Le même nom se donne aussi aux petites plaines couronnant certaines montagnes.

LA GÉOGRAPHIE.

Q'entendez-vous par le mot *volcan* ?

CASIMIR.

J'entends une montagne qui vomit des pierres calcinées, des matières minérales fondues et appelées laves, des flammes, de la fumée, divers gaz, des cendres, des sables, des graviers, des fragments plus gros nommés ponces et scories, quelquefois de l'eau et de la boue.

Le *cratère* est l'ouverture par laquelle sont

lancés les corps que projette l'éruption volcanique.

LA GÉOGRAPHIE.

Qu'est-ce qu'un *tremblement de terre ?*

CASIMIR.

Le *tremblement de terre* est un phénomène dû aux gaz intérieurs qui cherchent une issue et qui brisent violemment le sol pour se frayer un passage.

LA GÉOGRAPHIE.

Qu'est-ce que les *côtes ?*

CASIMIR.

Les *côtes* sont les bords des continents et des îles. Si elles offrent des avancements peu considérables , on les appelle *promontoires , caps , pointes.* Les côtes escarpées se nomment des *falaises ,* et elles portent les noms de *plages* ou de *grèves ,* si elles descendent en mourant auprès de l'eau.

LA GÉOGRAPHIE.

Qu'est-ce qu'une *plaine ?*

CASIMIR.

C'est la partie plate de la surface de la terre. On nomme *déserts* les plaines arides et sablonneuses des contrées chaudes ; *oasis ,* les petits cantons fertiles au milieu de ces désolantes solitudes ; *landes* et *bruyères*, les terrains les plus stériles des pays tempérés ; *steppes*, les plaines désertes du sud-est de l'Europe, dans le voisinage de la mer Noire et de la mer Caspienne. Les plaines basses et couvertes d'herbes touffues dans l'Amérique, s'appellent des *savanes*.

LA GÉOGRAPHIE.

Qu'appelle-t-on *mer* ?

CASIMIR.

On appelle *mer* l'ensemble de la vaste étendue d'eau salée qui couvre la majeure partie du globe.

LA GÉOGRAPHIE.

Quelles sont ses plus grandes divisions ?

CASIMIR.

La mer se divise en *océan Glacial*, en *océan Atlantique*, en *mer des Indes*, et en *grand-Océan* ou *océan Pacifique*.

LA GÉOGRAPHIE.

D'où ces différentes appellations dérivent-elles ?

CASIMIR.

L'*océan* situé entre les pôles et les cercles polaires, s'appelle *Glacial* à cause des montagnes de frimats et de glaçons dont ces malheureuses régions sont toujours couvertes ; le

Mont-Atlas donne son nom à l'océan qui baigne l'ouest de l'Europe et de l'Afrique, et le levant de l'Amérique. Le nom de *grand Océan* ou *Océan Pacifique*, vient d'un côté, de l'immense étendue de cette mer et, de l'autre, de la grande tranquillité, du calme presque continuel dont jouissent ses eaux. La vaste région des Indes a communiqué son nom à la mer qui entoure ses côtes.

LA GÉOGRAPHIE.

N'avez-vous pas d'autres dénominations à ajouter à celles que vous venez de définir?

CASIMIR.

En pénétrant dans les terres, les océans produisent les *mers* proprement dites, ensuite les *golfes*, les *baies* et les *anses*, qui sont des enfoncements moins étendus.

Les *ports*, les *havres* servent d'asile aux navires.

Une *rade* est tantôt un enfoncement comparable à une petite baie, et où les vaisseaux peuvent tenir à l'ancre; tantôt un espace de mer placé devant un port, et à l'abri de certains vents, mais moins sûr que le port.

Un *détroit* est un espace de mer resserré entre deux portions de terre. On l'appelle quelquefois *canal*, *pas*, *pertuis*.

Les amas d'eau considérables placés au milieu

des terres sont des *lacs*. Il y en a d'assez grands pour porter le nom de *mer*; telle est la *mer* Caspienne.

On appelle *ondes*, *vagues*, *lames* ou *flots*, les divers mouvements que les tempêtes font naître sur la surface des mers et des lacs.

LA GÉOGRAPHIE.

Qu'est-ce qu'un *marais* ?

CASIMIR.

Un *marais* est un amas d'eau peu profond situé au milieu des terres.

Les *lagunes* sont des espèces de lacs placés près de la mer, et formés, tantôt par des cours d'eau qui s'épanchent sur une côte plate, tantôt par de petits golfes qui ne communiquent avec la mer que par de très-étroites entrées. On les appelle improprement des *lacs* dans le midi de la France.

Les eaux vives qui sortent du sein de la terre, se nomment des *sources* ou des *fontaines*.

Les plus petits cours d'eau s'appellent des *ruisseaux* ; les plus grands prennent le nom de *fleuves*, s'ils se rendent directement à la mer ; les autres sont des *rivières*, qui se jettent ou dans les fleuves ou dans d'autres rivières. On peut appeler aussi *rivière* le cours d'eau se jetant dans la mer, s'il n'est pas considérable.

Les *torrents* sont des cours d'eau momentanés et rapides, auxquels donne naissance dans les pays montagneux une chute abondante de pluie ou une grande fonte de neige.

LA GÉOGRAPHIE.

Voudriez-vous nous expliquer ce que c'est qu'un *confluent?*

CASIMIR.

Un *confluent* est l'endroit où deux cours d'eau opèrent leur jonction.

Un cours d'eau se jette dans la mer par une *embouchure* ou par plusieurs *bouches :* dans ce dernier cas, l'espace compris entre ses branches et les côtes de la mer, forme un *delta* , territoire pour l'ordinaire très-bas et très-fertile.

On appelle *affluents* les divers cours d'eau qu'un autre reçoit.

La *rive droite* d'un fleuve ou d'une rivière est celle qu'on a de ce côté en descendant le cours d'eau, et la *rive gauche*, celle qui est opposée à la droite. Les rives élevées sont des *berges;* les basses, des *grèves.*

Le lit d'un cours d'eau est le sol sur lequel il coule, et où il est maintenu par les deux rives.

On nomme *cataracte* la chute d'un grand cours d'eau, d'une certaine hauteur, et *cascade,* celle d'un ruisseau.

Le *bassin* d'un cours d'eau est tout le territoire dont les eaux sont ses tributaires, ou en d'autres termes, qui se rendent dans son lit.

Un *canal* est une rivière artificielle servant ordinairement à la communication mutuelle de deux cours d'eau , pour faciliter l'échange des denrées entre gens de commerce, au moyen de la navigation.

Un *étang* est un petit lac artificiel , produit par un ruisseau dont on arrête le cours par une chaussée.

LA GÉOGRAPHIE.

Lucie , avez-vous prêté une oreille attentive à tout ce que Casimir vient de dire?

LUCIE.

Oui , Mademoiselle ; il est même tel passage de son exposé que je pourrais vous réciter en entier.

LA GÉOGRAPHIE.

Vous avez donc une bien grande mémoire?

MADAME IMBERT.

Elle a la mémoire si heureuse qu'elle retient presque tout ce qu'elle lit.

LA GÉOGRAPHIE.

Lorsqu'un agriculteur possède un champ bien fertile de sa nature, il se garde bien de le né-

gliger : Mademoiselle doit agir de même à l'é-
gard de la noble faculté par laquelle on grave
dans son esprit ce qu'on voit, ce qu'on entend
ou ce qu'on lit.

LUCIE.

Je vous remercie très-affectueusement du
sage conseil que vous me donnez.

LA GÉOGRAPHIE.

Maintenant que nous sommes à la veille d'é-
tudier les cinq parties du monde les unes après
les autres, pourriez-vous me dire, Casimir,
ce que c'est qu'une *carte géographique* et combien il y en a de sortes?

CASIMIR.

La *carte géographique* est un tableau repré-
sentant ou la terre dans son ensemble, ou dans
ses grandes divisions, ou de petites contrées :
dans le premier cas, la *carte* s'appelle *mappe-
monde* ou *planisphère*. Comme il est impossible de voir sur le papier le globe tout entier,
tel qu'il est, on en montre séparément les deux
hémisphères. Dans le second cas, la *carte* se
nomme *générale*, et dans le troisième, *particulière*.

LA GÉOGRAPHIE.

Lorsque vous jetez les yeux sur une carte, de
quel côté les *quatre points cardinaux* se trou-
vent-ils ?

CASIMIR.

Le *levant* se trouve à droite sur la carte qu'on a devant soi ; le *couchant* à gauche, le *nord* en haut et le *midi* en bas.

LA GÉOGRAPHIE.

Comment vous y prenez-vous pour fixer la position d'une ville, d'une montagne ou de tout autre objet que vous voudriez désigner à quelqu'un ?

CASIMIR.

J'examine la carte sur laquelle il est gravé, et selon la place qu'il occupe vers un des quatre points cardinaux, collatéraux ou intermédiaires, je dis : Cette ville est située à l'est ou à l'ouest, au midi ou au nord de tel autre lieu.

LA GÉOGRAPHIE.

En combien de parties principales divise-t-on les terres ?

CASIMIR.

En cinq, appelées l'*Europe*, l'*Asie*, l'*Afrique*, l'*Amérique*, l'*Océanie*.

LA GÉOGRAPHIE.

Quels sont les pays constituant l'*ancien Continent* ?

CASIMIR.

L'*ancien Continent* est formé des trois pre-

mières contrées , et chacune des autres en forme
un second et un troisième, comme on l'a déjà dit.

LA GÉOGRAPHIE.

Qu'est-ce que *l'altitude* ?

CASIMIR.

L'altitude est l'élévation des terres au-dessus
du niveau de la mer.

LA GÉOGRAPHIE.

Quels sont les lieux les plus élevés de la terre ?

CASIMIR.

Les lieux les plus élevés de la terre sont les
monts *Himalaya*, ayant 8500 mètres de hauteur; les *Andes*, élevées de 7000 m. au-dessus du
niveau de la mer ; le *Caucase* indien de 6200
mètres ; le *Bolor* de 5800 ; le *Caucase* de 5600.

LA GÉOGRAPHIE.

Quel est le plus gros de tous les animaux ?

CASIMIR.

C'est l'éléphant.

LE NÉGOCIANT.

Que remarquez-vous de particulier au sujet
des plus hautes montagnes et du plus gros des
animaux ?

CASIMIR.

Je remarque qu'ils appartiennent aux climats
les plus chauds.

LA GÉOGRAPHIE.

N'auriez-vous rien à dire sur les arbres ?

CASIMIR.

Les arbres les plus élevés et du volume le plus considérable naissent et se développent dans les régions les plus froides.

LA GÉOGRAPHIE.

Puisque nous avons en notre société Madame Imbert, qui sans doute doit languir d'aller vaquer aux affaires de son ménage, nous terminerons là notre exercice, nous réservant la faculté de le rendre plus long une autre fois.

MADAME IMBERT.

Bien loin de m'être ennuyée le moins du monde durant les diverses demandes et réponses qui ont frappé alternativement mes oreilles, j'y ai pris au contraire le plus grand plaisir. Vous pouvez donc continuer quelques minutes encore, si vous le jugez nécessaire au complément de la leçon que vous étiez disposée à donner.

LA GÉOGRAPHIE.

La politesse impose le silence, dans les personnes bien élevées, aux contrariétés que l'on ne manque jamais d'éprouver dans le cours ordinaire de la vie. Vous auriez donc des affaires très-pressantes chez vous que, pour ne pas paraître contrariée , surtout dans le premier rapport, vous vous seriez contenue , pour ne témoigner que de la satisfaction.

MADAME IMBERT.

J'ai chargé à mon départ la servante de confiance de mettre la main à une œuvre qui m'était destinée, dans le cas où je ne serais repartie d'ici que longtemps après mon arrivée.

LA GÉOGRAPHIE.

Peu importe! Casimir a déjà beaucoup parlé; il est donc temps qu'il aille se reposer un **peu** au sein de sa famille.

CASIMIR.

Bien que j'aime assez le travail, une pareille annonce me fait toujours le plus grand plaisir.

MADAME IMBERT.

A quelle heure vous ramènerai-je Lucie?

LA GÉOGRAPHIE.

A trois heures après midi.

MADAME IMBERT.

Ma fille, salue avec respect ces messieurs et ces dames.

LA GÉOGRAPHIE.

Au revoir.

DEUXIÈME SCÈNE.

LA GÉOGRAPHIE, L'EUROPE, CASIMIR, LUCIE.

LA GÉOGRAPHIE.

Mademoiselle Lucie, avez-vous bien dîné ?

LUCIE.

Quand on est jeune, on mange de bon appétit.

LA GÉOGRAPHIE.

Avez-vous fait votre première communion ?

LUCIE.

Il y a deux ans.

LA GÉOGRAPHIE.

Vous avez sans doute conservé la grâce reçue en ce beau jour.

LUCIE.

Je n'ai rien négligé pour cela.

LA GÉOGRAPHIE.

La simplicité de votre toilette me semble inférieure à votre condition.

LUCIE.

Ma mère ne cesse de me répéter que la vertu est le plus bel ornement de mon sexe.

LA GÉOGRAPHIE.

L'élégance, la richesse des robes que vous

voyez sur les autres, n'excitent-elles pas en vous le désir d'avoir les mêmes parures ?

LUCIE.

Nullement, Mademoiselle ; j'aime à imiter celles de mes semblables qui sont plus vertueuses que moi, mais non pas celles qui sont le mieux mises.

LA GÉOGRAPHIE.

Ne peut-on pas aimer le luxe et avoir le vice en horreur ?

LUCIE.

Le premier est ordinairement la porte par laquelle on entre dans le dernier : car, pourquoi recherche-t-on les ajustements avec tant d'ardeur, si ce n'est pour attirer sur soi les regards des passants, ce qui est déjà un commencement de danger pour les jeunes personnes ?

LA GÉOGRAPHIE.

Cependant, on aime beaucoup, à votre âge, à être aimée et recherchée : êtes-vous différente des autres ?

LUCIE.

Les becs de gaz, placés au coin des rues, tiennent lieu de soleil, lorsque cet astre éclatant parcourt l'autre hémisphère ; ainsi certains accidents, arrivés à des gens aussi sensés que nous, doivent nous faire tenir sur le qui vive.

LA GÉOGRAPHIE.

Je ne m'attendais point de votre part à des réponses si sages, bien que le premier coup d'œil m'eût fort prévenue en votre faveur.

LUCIE.

Je ne vous ai dit que ce que je pense naturellement.

LA GÉOGRAPHIE.

Quand la pensée est bonne, les actes le sont aussi.

LUCIE.

Il faut que Dieu nous aide pour l'entier accomplissement de sa sainte loi.

LA GÉOGRAPHIE.

Ainsi, l'estime, la considération, l'amour des hommes vous importent peu, pourvu que vous soyez agréable au Seigneur.

LUCIE.

On ne saurait être honnête fille, entièrement dévouée à ses devoirs et vivre dans une parfaite régularité, sans plaire en même temps aux plus fougueux courtisans du monde : car l'innocence, la candeur, la simplicité, la fuite des divertissements, l'assiduité auprès de sa mère, une aveugle obéissance à ses ordres, un grand respect pour toutes ses volontés, sont autant de bonnes qualités qu'on prise dans une jeune personne.

L'EUROPE.

Il paraît que Lucie tient solidement aux principes de la raison.

LUCIE.

Je vois les choses par les yeux de ma mère, qui m'a toujours conseillé de me rendre digne de ma propre estime.

L'EUROPE.

Je suis charmée d'avoir à me faire connaître à deux enfants, Casimir et vous, qui êtes doués d'un mérite peu commun.

LA GÉOGRAPHIE.

Quoique le moment de me taire soit arrivé, et qu'une autre prenne la parole à ma place, écoutez-la avec le même plaisir que moi-même.

LUCIE.

Il suffit que vous nous le recommandiez pour que vous soyez obéie.

CASIMIR.

Nous vous considérons trop pour vous donner le plus léger motif de mécontentement.

L'EUROPE.

Je suis l'*Europe*, une des cinq parties du monde, la plus petite, quant à l'étendue, mais la plus renommée comme la plus recommandable par les mœurs polies de ses habitants, par la connaissance de la vraie religion, par le nombre prodigieux de ses savants, et par tout ce qu'une civilisation, mûrie par les lumières d'un véritable progrès, donne d'activité et de perfectionnement aux diverses branches de l'industrie et du commerce.

CASIMIR.

Peut-on assez louer et bénir le Seigneur de nous avoir fait naître sur un sol aussi privilégié !

LUCIE.

En effet, nous sommes chrétiens, ici ; mais hélas ! que serions-nous sur les bords du Bosphore ou sur les rives du Gange ?

LA GÉOGRAPHIE.

J'aime beaucoup à voir les personnes de l'âge de Casimir et de Lucie témoigner leur gratitude pour les bienfaits qu'ils reçoivent.

L'EUROPE.

J'ai pour bornes, au levant, le *fleuve* et les *monts Ourals* ainsi que la *mer Caspienne ;* au couchant, l'océan *Atlantique ;* au nord, l'océan *Glacial,* et au midi, la *mer Méditerranée,* ainsi nommée par sa position au milieu des terres.

CASIMIR.

Par *mer Méditerranée,* n'entendez-vous pas les autres mers et détroits qu'elle forme ?

8.

L'EUROPE.

Oui, sans contredit.

Je possède quinze mers sur mon territoire, dont trois grandes et douze petites. Les trois grandes sont : l'*océan Glacial Arctique*, l'*océan Atlantique* et la *mer Méditerranée* : et les douze petites, la *mer Blanche*, formée par l'océan Glacial ; la *mer du Nord*, la *mer Baltique*, la *mer de la Manche* et la *mer d'Irlande*, formées par l'océan Atlantique ; le *golfe de Venise*, la *mer Ionienne*, l'*Archipel*, la *mer de Marmara* en face de Constantinople, la *mer Noire* et la *mer d'Azof* que forme la mer Méditerranée ; enfin, la *mer Caspienne*, qui ne communique avec aucune autre mer.

CASIMIR.

A l'exception de cette dernière, les mers communiquent donc toutes entr'elles ?

LUCIE.

Quelle divine harmonie dans le plus redoutable des éléments !

CASIMIR.

Une si prodigieuse masse d'eau n'eût pas manqué de se corrompre, si la perpétuité de ses mouvements et le sel ne la préservaient de la moindre détérioration.

LUCIE.

Que seraient devenus les habitants de la terre, si les eaux de la mer se fussent corrompues?

CASIMIR.

Ils auraient perdu la vie jusqu'au dernier.

LUCIE.

D'où viennent les noms de ces différentes mers?

L'EUROPE.

Ici, c'est la couleur du terrain qui les fait sur-nommer *Blanche* ou *Noire*; là, c'est la position qu'elles occupent, *mer d'Irlande*, *mer Ionienne :* ailleurs, c'est une ville considérable qui lui im-pose son nom, *Golfe de Venise.*

CASIMIR.

Bien que l'ensemble de la création nous an-nonce un Être tout-puissant, l'amoncellement d'une si lourde masse d'eau dans les endroits les plus bas du globe, ne doit-il pas convaincre les plus prévenus de la réalité de son existence?

LUCIE.

Selon moi, pour rejeter Dieu, il faut avoir perdu les organes de la vue, de l'ouïe et du sen-timent. Depuis quand la présence d'un édifice a-t-elle cessé de rappeler le souvenir de l'archi-tecte qui en a tracé le plan, ou du maçon qui l'a construit?

L'EUROPE.

On appelle *Golfe* les avancements considérarables des mers dans les terres, et *baies*, les étendues qui sont moindres.

J'ai onze golfes, dont trois grands et huit petits. Les trois grands sont : le *golfe de Bothnie* et le *golfe de Finlande*, formés par la mer Baltique ; le *golfe de Gascogne*, formé par l'océan Atlantique.

Voici les noms des huit petits : le *golfe de Livonie* ou de *Riga*, formé par la mer Baltique ; le *Zuyderzée*, formé par la mer du Nord ; le *golfe de Valence*, le *golfe du Lion*, le *golfe de Gênes*, le *golfe de Tarente*, le *golfe de Lépante* et le *golfe de Salonique* ou de *Thessalonique*, formés par la mer Méditerranée.

Le premier des trois grands est situé entre la Suède et la Russie ; le second en Russie, et le troisième entre la France et l'Espagne.

Quant aux huit petits : le *golfe de Livonie* ou de *Riga* est en Russie ; le *Zuyderzée*, en Hollande ; le *golfe de Valence*, à l'orient de l'Espagne ; celui *du Lion*, au midi de la France ; celui de *Gênes*, au sud-ouest de l'Italie ; le *golfe de Tarente*, au sud-est de l'Italie ; celui de *Lépante*, en Grèce, et celui de *Thessalonique* ou *Salonique*, au midi de la Turquie.

LA GÉOGRAPHIE.

Voyez, mes chers enfants, comme Dieu a bien disposé toutes choses : par ces avancements des eaux dans les terres, il a rendu les éléments moins froids, tout en procurant aux habitants de ces lieux une grande quantité de coquillages et de poissons de fort bon goût.

CASIMIR.

Est-ce que l'eau tend à modifier la rigueur d'un climat ?

LA GÉOGRAPHIE.

Sur les côtes de la mer, à latitude égale, le froid est beaucoup moins intense qu'au milieu des terres. Les fruits bien mûrs que l'on récolte près des rivages et que la température élevée empêche de mûrir loin d'eux, quoique à la même distance du soleil, sont la meilleure preuve à l'appui de la solution de ce problème.

CASIMIR.

Quelle doit donc être la cause d'un si extraordinaire effet ?

LA GÉOGRAPHIE.

Cela vient sans doute de ce que le liquide prête moins à l'action du froid que le solide. En effet, le balancement continuel des eaux les tient dans un permanent état de demi-tiédeur, communicable à l'atmosphère circonvoisine , moins âpre pour cette raison que celle qui couvre les terres plus éloignées du rivage; d'ailleurs, les rayons du soleil , qui, glissant sur l'eau, s'arrêtent sur les côtes, diminuent l'intensité du froid.

LUCIE.

Il est hors de doute, ce me semble, que sans les eaux, la terre eût été inhabitable, étant ou trop chaude ou trop froide, selon les lieux et les saisons, et qu'ainsi tout a été admirablement disposé, dès l'origine du monde.

L'EUROPE.

J'ai quinze *détroits* ou parties de mer resserrées entre deux terres , dont huit au nord , savoir : le *détroit de Waigats*, le *Cattégat*, le *Sund*, le *grand* et le *petit Belt*, le *Pas-de-Calais*, le *canal de Saint-Georges* et le *canal du Midi*.

Les sept du midi sont : les *détroits de Gibraltar*, de *Bonifacio*, de *Messine*, le *canal d'Otrante*, le *détroit de Gallipoli* ou des *Dardanelles*, le *détroit* ou *canal de Constantinople*, et le *détroit d'Iénikalèh*.

Le *détroit de Waigats* est au nord de la Russie ; le *Cattégat* fait communiquer la mer du Nord avec la mer Baltique et forme le *Sund*, le *grand* et le *petit Belt* ; le *Pas-de-Calais* est entre la France et les Iles Britanniques ; le *canal de St-Georges* est au sud , et le *canal du Nord*, au nord de la mer d'Irlande.

Quant aux sept détroits du midi , le *détroit de Gibraltar* est entre l'Espagne et l'Afrique, et joint l'océan Atlantique à la Méditerranée ; celui de *Bonifacio* se trouve entre la Sardaigne et la Corse ; le *phare* ou *détroit de Messine* , entre la Sicile et l'Italie ; le *canal d'Otrante* joint la mer Ionienne au golfe de Venise ; le *détroit des Dardanelles*, l'Archipel à la mer de Marmara ; le *canal de Constantinople* , la mer de Marmara à la mer Noire , et le *détroit d'Iénikalèh* ou de *Caffa* joint la mer Noire à la mer d'Azof.

LUCIE.

Pourtant, comme c'est admirable ! Dieu a voulu que les peuples, habitant les rivages de chaque mer , pussent , au moyen des passages étroits et partant difficiles à franchir, se fortifier contre les soudaines invasions des peuples ennemis.

CASIMIR.

Une ineffable sagesse à présidé à l'ensemble et au détail des œuvres de la création.

L'EUROPE.

Vous voyez l'action providentielle dans les parties diverses de ma constitution : c'est la route la plus sûre pour échapper au naufrage de l'erreur.

LA GÉOGRAPHIE.

En rapportant tout aux desseins cachés ou manifestes de Dieu, on évite tout danger de faillir.

L'EUROPE.

J'ai un grand nombre d'îles ou groupes d'îles, disséminées sur les mers qui m'entourent ou qui s'avancent dans l'intérieur de mes terres.

Le *Spitzberg*, la *Nouvelle-Zemble*, l'île *Kalgouef* et les îles *Luffoden* sont dans l'Océan glacial arctique.

On trouve dans la mer Baltique les îles d'*Aland*, de *Dago*, d'*OEsel*, de *Gothland*, d'*Oland*, de *Rugen*, de *Bornhol*, de *Laaland*, de *Falster*, de *Seeland* et de *Fionie*.

La mer du nord contient les îles de *Sylt*, d'*Héligoland*, de *Texel*, et les îles de la *Zélande*.

Voici les deux de la mer d'Irlande : l'île de *Man* et l'île d'*Anglesey*.

Les îles de la Manche sont : les îles de *Wigt*, d'*Aurigny*, de *Guernesey* et de *Jersey*.

L'Océan Atlantique nous présente la *Gran-*

de-Bretagne, l'*Irlande* et l'*Islande*; ce dernier pays est le plus froid de l'Europe.

A ces trois îles considérables ajoutez dans la même mer: les îles *Færoe*, les *Sethland*, les *Orcades*, les *Hébrides*, les *Sorlingues*, *Ouessant*, de la *Croix*, *Belle-Ile*, l'île de *Noirmoutiers*, l'*Ile-Dieu*, les îles de *Ré* et d'*Oléron*, le long des côtes ouest de la France.

La *Corse*, la *Sardaigne* et la *Sicile* sont les trois plus grandes îles de la Méditerranée; les îles *Mayorque*, *Minorque*, de *Formentera* et d'*Ivice*, appartiennent à l'Espagne et sont renommées par l'excellente qualité de leurs oranges. On trouve encore sur la même mer les îles d'*Hyères*, d'*Elbe*, de *Lipari* et de *Malte*.

Les îles de *Corfou*, de *Paxo*, de *Sainte-Maure*, de *Théaki*, de *Céphalonie* et de *Zante*, ornent la mer Ionienne.

Les îles *Illyriennes* occupent le golfe de Venise ou Adriatique.

Candie, *Négrepont*, *Lemnos* et les *Cyclades* se trouvent dans l'Archipel.

CASIMIR.

Le même souverain dispose-t-il du gouvernement de toutes ces îles ?

LA GÉOGRAPHIE.

La Russie possède seule les quatre îles situées dans l'Océan glacial.

Les îles de la mer Baltique et de la mer du Nord appartiennent les unes à la Russie, *Aland*, *Dago* et *OEsel* ; les autres, au Danemark, l'*Islande*, les îles de *Færoe*, de *Sylt*, de *Seeland*, de *Fionie*, de *Bornholm*, de *Laaland* et de *Falster* ; quelques-unes à la Suède, unie à la Norvège, les îles de *Luffoden*, de *Gotland* et d'*Aland*.

Une seule à la Prusse, l'île de *Rugen*.

Deux à la Hollande, l'île de *Texel* et les îles de la *Zélande*.

LUCIE.

Qui gouverne les îles de l'océan Atlantique, de la Manche et de la mer d'Irlande?

LA GÉOGRAPHIE.

La France est maîtresse de celles qui touchent presque à ses côtes occidentales, de l'île d'*Ouessant*, de la *Croix*, de *Belle-Ile*, de l'île d'*Oléron*.

Outre les *Orcades*, les *Hébrides*, les *Shetland* et les *Sorlingues*, l'Angleterre possède les six îles de la Manche et de la mer d'Irlande.

Des trois grandes îles de la mer Méditerranée, la *Corse* appartient à la France; la *Sardaigne* au roi de Piémont, et la *Sicile* au roi de Naples.

Quant aux petites, l'Espagne a les *Baléares* ; la France, les îles d'*Hyères* ; l'Angleterre, l'île

de *Malte* ; les Deux-Siciles , les îles *Lipari* ;
le grand duc de Toscane , l'île d'*Elbe* ; la Grèce , les îles *Skyro* , *Hydra* et *Egine* , parmi les
Sporades ; les *Cyclades*, dont les principales sont :
Milo , *Santorin* , *Andro* , *Naxos* ; enfin, la Turquie , *Candie* , *Lemnos* et plusieurs autres de
l'Archipel.

CASIMIR.

Ne conviendrait-il pas de connaître les capitales de toutes ces îles ?

LA GÉOGRAPHIE.

C'est une tâche dont nous nous acquitterons
dans l'exposé des diverses contrées de l'Europe.

L'EUROPE.

Il y a , dans mon territoire , six presqu'îles
dont trois grandes, et autant de petites.

Les trois grandes sont la *Suède* avec la *Nor-*
vége qu'entourent le golfe de Bothnie', la mer
Baltique, la mer du Nord et l'océan Atlantique.

L'*Espagne* et le *Portugal*, entre l'océan et la
mer Méditerranée ; et l'*Italie* , entourée par la
Méditerranée', la mer Ionienne, les golfes de
Tarente et de Venise.

Voici les noms des trois petites : le *Jutland*
en Danemark , entre la mer du Nord et la mer
Baltique ; la *Morée* en Grèce, ayant autour d'elle
le golfe de Lépante , la mer Ionienne, la Médi-

terranée et l'Archipel ; et la *Crimée* entre la mer Noire et la mer d'Azof.

CASIMIR.

N'avons-nous pas vu qu'un *cap* ou *promontoire* est une éminence de terre qui s'avance dans la mer ?

LA GÉOGRAPHIE.

C'est vous-même qui en avez donné cette définition, qui est très-juste.

L'EUROPE.

J'en ai dix-sept : le cap *Nord*, au nord de la Suède ; le cap l'*Indness*, au midi de la Norvège ; le cap *Skagen*, au nord du Jutland ; le cap *Clare*, au sud-ouest de l'Irlande ; le cap *Land's-end* et le cap *Lizard*, au sud-ouest de l'Angleterre ; le cap de *La Hogue*, au nord-ouest de la France ; les caps *Ortégal* et *Finistère*, au nord-ouest de l'Espagne ; le cap *St-Vincent*, au sud-ouest du Portugal ; le cap *Trafalgar*, au sud-ouest de l'Espagne ; le cap *St-Martin*, à l'orient de l'Espagne, vis-à-vis de l'île d'Ivice ; le cap *Corse*, au nord de la Corse ; le cap *Tavolara*, au midi de la Sardaigne ; le cap *Passaro*, au sud de la Sicile ; le cap *Spartivento*, au midi de l'Italie ; enfin, le cap *Matapan*, au sud du Péloponèse.

LUCIE.

Ces diverses pointes, tout inutiles qu'elles semblent d'abord, obligent le pilote à veiller attentivement sur la route du navire, comme le danger d'être surpris par le loup tient les yeux du berger constamment ouverts sur son troupeau.

CASIMIR.

Tout cela prouve que pour conserver pure la robe de notre innocence, nous devons nous tenir sans cesse prêts à repousser l'ennemi du salut.

L'EUROPE.

Je n'ai que deux *isthmes*, c'est-à-dire, deux langues de terre, joignant une presqu'île au continent.

On appelle la première, l'isthme de *Corinthe*, laquelle joint la Morée à la Livadie en Grèce, et la seconde, l'isthme de *Pérékop*, qui joint la Crimée à la Russie.

LUCIE.

L'isthme me rappelle le sentier étroit et difficile qui conduit au ciel.

CASIMIR.

D'où vient donc ce nom de *Morée*?

6.

LA GÉOGRAPHIE.

Il vient de la grande quantité de mûriers qu'on y cultive.

L'EUROPE.

On compte sur ma surface vingt-sept *lacs* principaux, dont neuf au nord, sept au milieu, et neuf au midi.

Il y en a trois en Suède : les lacs *Wener*, *Welter*, *Meler* ; six en Russie, les lacs *Saïma*, *Onéga*, *Ladoga*, *Peipous*, *Ilmen*, et le *Lac Blanc* ou *Bielo* ; voilà ceux du nord.

Voici les lacs du milieu : en Suisse , les lacs de *Neufchatel*, de *Genève*, de *Lucerne* et de *Zurich* ; entre la Suisse et l'Allemagne, le lac de *Constance*; en Hongrie, les lacs de *Neusiédel* et *Balaton*.

Enfin , on trouve au midi de l'Europe , les lacs *Majeur* et de *Lugano*, de *Côme*, de *Garde*, de *Comachio*, de *Pérouse* , de *Bolsena* et de *Celano* ; en Turquie, le lac de *Zante* ou de *Scutari*.

LUCIE.

Qui aurait jamais cru trouver des amas d'eau considérables dans un pays aussi élevé que le territoire de la République Helvétique ?

CASIMIR.

On sait que les montagnes sont les réservoirs

des plaines, et que sans les masses de rochers ou d'autres matières qui semblent menacer le ciel, les lieux bas seraient sans eau.

LUCIE.

Il n'y a donc absolument rien à réformer dans la configuration du globe ?

CASIMIR.

Quel bien ferait à l'organisme du corps le retranchement d'un ou de plusieurs membres, ou seulement une tout autre organisation que l'actuelle ?

LUCIE.

C'est entendu ; il faut que l'ordre actuel se perpétue comme le seul capable d'empêcher un cataclysme universel.

L'EUROPE.

Sur ma surface, s'élèvent dix-sept chaînes de montagnes, dont neuf grandes, et huit petites.

Les neuf grandes sont : les monts *Ourals*, entre l'Europe et l'Asie ; les monts de *Kœlen*, ou *Alpes Scandinaves*, entre la Norvège et la Suède ; les *Pyrénées*, entre l'Espagne et la France ; les monts *Ibériens*, en Espagne ; les *Alpes*, entre la France et l'Italie ; les *Apennins*, qui parcourent toute la longueur de l'Italie ; les monts *Carpathes* dans l'empire d'Autriche ; les monts *Balkan* ou la chaîne de l'*Hémus*, en Turquie ; et le mont *Caucase*, qui s'étend depuis la mer Noire jusqu'à la mer Caspienne.

Voici les huit petites : les monts *Cheviot*, entre l'Angleterre et l'Écosse ; les *Vosges* dans le N. E. de la France ; le *Jura*, entre la Suisse et la France ; les *Cévennes*, au midi de la France ; les *Asturies*, la *Sierra-Morena*, la *Sierra-Nevada*, en Espagne ; la *Sierra-d'Estrella*, en Portugal.

De toutes ces montagnes, les Alpes sont les plus élevées. (4800 m.)

LUCIE.

Auriez-vous la bonté de me dire le nombre des *volcans* ?

LA GÉOGRAPHIE.

Il y en a trois principaux en Europe : le mont *Vésuve*, près de Naples ; le mont *Etna*, dans l'île de Sicile, et le mont *Hécla*, en Islande.

LUCIE.

On a dit tout à l'heure, que l'Islande est le pays le plus froid de l'Europe, et vous lui assignez un volcan !

LA GÉOGRAPHIE.

C'est le plus considérable des trois : circonstance qui, ajoutée à la certitude que le sol de cette île est couvert de sources chaudes , doit rendre votre surprise encore plus grande.

CASIMIR.

Un voyageur me disait que les volcans étaient multipliés en Islande.

LA GÉOGRAPHIE.

Cela prouve seulement que l'intérieur des terres en ce pays est rempli de gaz, de soufre, de bitume et de toutes sortes de matières inflammables.

LUCIE.

L'eau des fontaines ne serait point tiède , si elle ne filtrait pas, avant de sortir, à travers des couches embrasées.

L'EUROPE.

Des quarante-deux fleuves qui sillonnent ma surface et dont plusieurs facilitent les transactions commerciales, au moyen de la navigation, ou portent la fécondité dans mon sein par des saignées abondantes, la *Petchora* se jette dans l'océan glacial arctique, après avoir pris sa source aux monts Ourals, en Russie.

La *Dwina* septentrionale, formée des rivières de *Sukona* et d'*Yong*, qui s'unissent à *Oustioun*, a son embouchure dans la mer Blanche.

Six sont tributaires de la mer Baltique: on les

nomme la *Tornéa*, la *Newa*, la *Duna*, le *Nié-*
-men, la *Vistule* et l'*Oder*. La première sort du
lac Kepris ; la seconde, du lac Ladoga ; la troisième, du gouvernement de Tver, en Russie ;
la quatrième, du sud de Minsk, même empire ;
la cinquième, de la Gallicie, aux monts Carpathes ; la sixième, aux mêmes monts, même
province.

Neuf se jettent dans la mer du Nord. Ce sont :
le *Glommen*, au nord du Cattégat ; et l'*Elbe*, le
Weser, le *Rhin*, la *Meuse*, l'*Escaut*, la *Tamise*,
le *Tweed* et le *Tay*.

Le *Glommen* sort des monts Scandinaves,
entre la Norvège et la Suède ; l'*Elbe* part des
monts Carpathes ; le *Weser* est le résultat de la
jonction des rivières de *Werna* et de *Fulde*,
s'unissant à Munden ; le Rhin vient du mont St-
Gothard, en Suisse ; la *Meuse*, du département
de la Haute-Marne, près de Langres ; l'*Escaut*,
de celui de l'Aisne ; la *Tamise* se forme du concours des rivières de *Thames* et d'*Yse*, en Angleterre ; le *Tweed* a sa source aux monts Cheviot,
entre l'Écosse et l'Angleterre ; le *Tay*, dans le
comté de Perth, même royaume.

La *Seine* et la *Somme* coulent dans la Manche.
La première a son point de départ dans la Côte-
d'Or, et la seconde, dans le département de
l'Aisne.

L'Océan Atlantique en reçoit onze, savoir : le *Shannon*, la *Saverne*, la *Loire*, la *Charente*, la *Garonne*, l'*Adour*, le *Minho*, le *Douro*, le *Tage*, la *Guadiana* et le *Guadalquivir*.

Le *Shannon* naît en Irlande ; la *Saverne*, dans les montagnes du pays de Galles ; la *Loire*, au mont Gerbier-des-Joncs, dans le département de l'Ardèche ; la *Charente*, dans le département de la Haute-Vienne ; la *Garonne*, dans les Pyrénées ; l'*Adour*, dans les mêmes montagnes ; le *Minho*, dans le nord de la Galice ; le *Douro*, dans la Vieille-Castille ; le *Tage*, dans la Nouvelle-Castille, ainsi que la *Guadiana* ; le *Guadalquivir*, sur les confins du royaume de Murcie, au pied de la Sierra-Segura.

Quatre déchargent leurs eaux dans la Méditerranée. On les appelle l'*Èbre*, le *Rhône*, l'*Arno* et le *Tibre*. Les Asturies sont le berceau du premier ; le Mont-Furca, en Suisse, celui du second ; les Apennins donnent naissance au troisième ainsi qu'au quatrième, en Toscane.

Le golfe de Venise reçoit le *Pô*, sorti du mont Viso, et l'*Adige*, descendant du Tyrol.

Le *Danube*, le *Dniester* et le *Dniéper* entrent dans la mer Noire. Le premier vient de la Forêt-Noire, le second des monts Carpathes et le troisième, du gouvernement russe de Smolensk.

Le *Don* se jette dans la mer d'Azof, après avoir pris naissance près de Toula.

Enfin, la mer Caspienne a pour tributaires le *Volga* et l'*Oural*. Le *Volga*, un des plus grands fleuves du monde, sort du lac Selinguer, dans le gouvernement russe de Tver. L'*Oural* prend sa source dans les montagnes du même nom.

LUCIE.

Si tous ces cours d'eau étaient réunis, quel volume immense ne feraient-ils pas ?

CASIMIR.

Ils sont proportionnés aux pertes que les mers où ils se jettent , éprouvent chaque jour par l'évaporation ou par le chargement des nuages.

LUCIE.

Comment le savez-vous ?

CASIMIR.

En ce que les mers restent stationnaires, sans augmenter ni diminuer de volume.

LUCIE.

Cependant, on m'a dit qu'elles étaient quelquefois plus hautes que de coutume.

CASIMIR.

C'est lorsque le vent opposé à la plage ou vous

vous trouvez, soufflant plusieurs jours de suite, entasse sur cette côte les eaux qu'il enlève à celle qui est vis-à-vis.

LUCIE.

C'est assez facile à comprendre : aussi, je ne vous demande point d'autre explication sur cet article.

CASIMIR.

En un mot, il est constant que le déplacement des eaux de la mer n'en augmente pas le volume.

LA GÉOGRAPHIE.

Laissons expliquer Madame l'*Europe* sur ce qu'il lui reste à dire sur les cours d'eau.

L'EUROPE.

J'ai parlé des fleuves; il me reste à vous exposer le nombre des rivières et à vous faire connaître les lieux où elles prennent leurs sources.

Au lieu de vous les citer toutes, je me contenterai de vous rappeler les principales. On en compte trente-deux : le *Bug*, qui prend sa source dans la Gallicie et se jette dans la Vistule ; la *Warta*, qui naît près de Cracovie et coule dans l'Oder ; le *Necker*, l'*Aar*, le *Mein* et la *Moselle*, qui prenant leurs sources, le premier près de celle du Danube ; le second, dans le canton de Berne, en Suisse ; le troisième, dans la Bavière ; le quatrième, dans les Vosges, et se jettent dans le Rhin. La *Sambre* commence au nord du département de l'Aisne et mêle ses eaux à la Meuse. L'*Escaut* a pour affluents la *Scarpe*, sortant de terre du sud-ouest d'Arras, et la *Lys*, du département du Pas-de-Calais. La Seine reçoit l'*Yonne*, la *Marne* et l'*Oise*, la première prenant sa source dans le département de la Nièvre, près de Château-Chinon ; la seconde, près de Langres, dans le département de la Haute-Marne, et la troisième, dans le département des Ardennes, près de Rocroi.

L'*Allier*, le *Cher*, la *Vienne* et la *Mayenne* partent, le *Cher* d'auprès d'Aubusson, dans le département de la Creuse ; l'*Allier* des monts Cévennes, dans le département de la Lozère ; la *Vienne*, du département de la Haute-Vienne, et la *Mayenne*, du département de l'Orne, pour se jeter dans la Loire.

Le *Tarn*, sorti du département de la Lozère ainsi que le *Lot* ; et la *Dordogne*, qui prend sa source au mont d'Or dans le département du Puy-de-Dôme, mêlent leurs eaux à la Garonne.

La *Saône*, l'*Isère* et la *Durance* se jettent dans le *Rhône :* la première prenant sa source dans le département des Vosges, près de Plombières; la seconde, au Mont Iserand, dans les Alpes, et la troisième, dans ces mêmes montagnes.

Le *Tésin* et l'*Adda* sont tributaires du *Pô* : le premier descendant du mont Saint-Gothard, en Suisse, et le second des Alpes.

Le Danube reçoit les eaux du *Lech*, de l'*Isar*, de l'*Inn*, de la *Drave*, de la *Save*, de la *Theis* et du *Pruth*. Le premier prend sa source dans le Tyrol; le second dans les mêmes montagnes; le troisième, dans le canton des Grisons, en Suisse; le quatrième, encore dans le Tyrol; la cinquième, dans la Carniole; la sixième, aux monts Carpathes, et enfin le septième, aux mêmes monts.

Le *Kama* naît en Russie, dans le gouvernement de Viatka, et se jette dans le *Volga*.

LA GÉOGRAPHIE.

Voilà quarante-deux grands cours d'eau et trente-deux petits, qui parcourent dans tous les sens la surface de l'Europe.

CASIMIR.

En face de ce mouvement perpétuel de va-et-vient, on ne saurait se défendre d'une pensée qui en ressort naturellement.

LA GÉOGRAPHIE.

Expliquez-vous : car, nous sommes tous ici,

pour nous communiquer les uns aux autres ce que nous croyons utile à notre instruction.

CASIMIR.

Les artères reçoivent du cœur la masse du sang qu'elles portent aux extrémités du corps, pour la confier à leur tour aux grands et aux petits vaisseaux, appelés veines, qui le reconduisent à son centre. Or, en comparant la terre à un être animé, la mer serait son cœur, l'eau son sang, l'évaporation et les nuages ses artères, chargées de le répandre dans les contrées les plus reculées, et les fleuves et les rivières, les conduits par lesquels les liquides retourneraient dans leur séjour habituel.

LA GÉOGRAPHIE.

Cette comparaison ne manque pas d'un certain mérite, nous montrant surtout combien Dieu est admirable dans l'ensemble de ses œuvres.

CASIMIR.

Ceux d'entre les savants qui connaissent à fond l'organisme humain, s'extasient sur ce que l'homme pousse souvent sa carrière jusqu'à un âge avancé, sans éprouver ni dislocation, ni aucun autre dérangement notable dans l'économie de ses fonctions animales ; mais le mécanisme des eaux est bien plus ancien et dure de-

puis des milliers de siècles, sans que rien
trouble la base harmonieuse sur laquelle il est
assis.

LUCIE.

Si la mer ne reçoit rien de plus qu'elle ne
donne, ce n'est pas ainsi du riche aumônier.
Celui-ci, en échange de ses pièces de cuivre,
d'argent ou d'or, de son pain, d'un peu de lin-
ge ou d'étoffe, acquiert dans le présent la glo-
rieuse réputation d'homme charitable, estima-
ble, digne du respect public, et se prépare pour
une éternité entière de pures délices dans le sein
de Dieu même.

LA GÉOGRAPHIE.

Cette réflexion me charme d'autant plus que
la personne qui vient de la faire, entre à peine
dans la carrière de la vie. Contractez donc la
noble habitude de soulager les indigents, selon
la mesure de vos facultés.

LUCIE.

Je remercie le ciel de m'avoir donné une
mère, qui, au lieu de mettre le moindre obstacle à mon penchant naturel de donner, me re-
commande toujours l'aumône comme l'œuvre
la plus agréable au Seigneur.

LA GÉOGRAPHIE.

Élevez souvent votre cœur à Dieu , le priant avec ardeur d'augmenter sans cesse en vous l'affection que vous avez pour les pauvres.

CASIMIR.

Je ferai en sorte de suivre les bons exemples de Lucie.

LA GÉOGRAPHIE.

De tous les plaisirs que nous goûtons ici-bas, celui que procure l'aumône est le plus pur.

L'EUROPE.

Il est temps que nous prenions un peu de repos pour recommencer de plus belle.

SCÈNE TROISIÈME.

LA GÉOGRAPHIE, L'EUROPE, LUCIE, L'ASIE, L'AFRIQUE, L'AMÉRIQUE et L'OCÉANIE.

L'EUROPE.

Nous voici prêts à reprendre nos travaux ordinaires.

LA GÉOGRAPHIE.

Lucie , votre mère est-elle bien contente de vous ?

LUCIE.

Je ne néglige rien de ce qui peut lui être
agréable.

LA GÉOGRAPHIE.

Que faites-vous pour cela ?

LUCIE.

Je lui obéis ponctuellement, et partage ses
peines autant que je le puis.

LA GÉOGRAPHIE.

Voyons un peu le détail de votre conduite à
son égard.

LUCIE.

Si le soir, avant de nous coucher, comme
cela arrive bien souvent, elle dit : Il y a deux
chemises à repasser, une paire de bas à rac-
commoder, un pantalon ou une veste à rapiécer,
dans la matinée de demain ; sans qu'elle s'en
aperçoive, je prends les bas, la veste ou le pantalon, et au lieu de me lever à sept heures, comme elle le voudrait bien, et comme elle me le re-
commande quelquefois, je me lève à cinq, me
mettant à l'ouvrage aussitôt après ma prière du
matin et quelques minutes d'oraison.

LA GÉOGRAPHIE.

Que vous dit-elle, lorsqu'elle s'aperçoit de
votre innocente ruse ?

LUCIE.

Elle me témoigne la crainte que je ne tombe malade par la multiplicité de mes occupations.

LA GÉOGRAPHIE.

Que lui répondez-vous ?

LUCIE.

Que j'aimerais mieux souffrir moi-même que de la voir elle-même alitée pendant des semaines et des mois entiers.

LA GÉOGRAPHIE.

Comment passez-vous le reste de la journée?

LUCIE.

Lorsque le travail ne presse pas ou que ma mère me le permet, je vais assister à la première messe et passer demi heure le soir devant le Saint-Sacrement.

LA GÉOGRAPHIE.

Vous ne sortez donc jamais de la maison , même pour aller à l'église, sans en avoir demandé la permission à votre mère.

LUCIE.

Je m'en garderais bien : Dieu ne nous manifeste-t-il pas sa volonté par l'organe de nos parents ?

LA GÉOGRAPHIE.

Comment répondez-vous à votre mère, lorsqu'elle vous ordonne quelque chose de contraire à vos inclinations ?

LUCIE.

Tout ce qui sort de la bouche de ma mère est pour moi un ordre du ciel. Si Dieu même était présent, je ne lui obéirais pas plus volontiers qu'à ma mère.

LA GÉOGRAPHIE.

Ne vous arrive-t-il jamais de lui répliquer avec humeur ?

LUCIE.

L'amour qu'elle a pour moi, les souffrances qu'elle a endurées à mon occasion, le bien qu'elle me souhaite, et son cœur de mère, étant toujours présents à mon esprit, je ne puis être qu'humblement respectueuse et aveuglément soumise à tous ses commandements.

LA GÉOGRAPHIE.

Je voudrais que toutes les jeunes personnes se conformassent à votre manière de vivre.

LUCIE.

En remplissant mes devoirs, je n'ai pas l'intention de me faire remarquer.

LA GÉOGRAPHIE.

Continuez votre route et vous arriverez heureusement au terme. La parole est à l'Europe.

L'EUROPE.

Je me divise en seize contrées principales, dont quatre au nord, les royaumes d'*Angleterre*, de *Suède*, de *Danemark* et l'empire de *Russie*; sept au milieu, le royaume de *Prusse*, l'empire d'*Autriche*, la *Confédération Germanique*, la *Belgique*, la *Hollande*, la *Suisse* et la *France*; et cinq au sud, le *Portugal*, l'*Espagne*, l'*Italie*, la *Grèce* et la *Turquie d'Europe*.

Les *Iles Britanniques* sont bornées au sud et sud-est par le Pas-de-Calais et par la Manche qui les séparent de la France; à l'est, par la mer du Nord; au couchant et au nord, par l'océan Atlantique. Leur étendue est de 300,000 kilomètres carrés et leur population de 28,000,000 habitants. Cet archipel ou groupe d'îles a deux îles principales, la *Grande-Bretagne* et l'*Irlande*, séparées l'une de l'autre par le canal du Nord, la mer d'Irlande et le canal de Saint-Georges.

La *Grande-Bretagne*, la plus considérable de ces deux îles, se compose de l'*Angleterre*, du *Pays de Galles* et de l'*Écosse*. Sa forme est triangulaire.

L'*Irlande*, en anglais *Ireland*, en irlandais *Erin*, a une figure à peu près ovale.

Les autres îles de l'archipel britannique sont : les îles *Shetland* et les *Orcades*, au nord de la Grande-Bretagne ; les *Hébrides*, au nord-ouest ; l'île de *Man* et celle d'*Anglesey*, dans la mer d'Irlande ; l'île de *Vight*, sur la côte sud de l'Angleterre ; les îles *Sorlingues* au sud-ouest.

L'Angleterre occupe la partie méridionale de la *Grande-Bretagne*. C'est la contrée la plus importante, la plus riche et la plus peuplée de la monarchie ; elle contient 17,000,000 d'habitants, sur une étendue de 130,000 kilomètres carrés, des champs bien cultivés, de gras pâturages ; le tableau animé d'une industrie active, y offre un intéressant aspect ; le charbon de terre, le fer, le cuivre, le plomb et l'étain y donnent d'énormes produits. L'Angleterre ne récolte pas assez de blé pour sa consommation ; mais on y élève beaucoup de bestiaux, de chevaux et de moutons renommés. Le climat est très-humide, l'air épais et souvent chargé de brouillards ; mais les hivers sont assez doux.

On divise l'Angleterre en quarante comtés, dont vingt sont maritimes, et vingt intérieurs.

Londres, en anglais *London* (2,500,000 h.), capitale de l'Angleterre et de toute la monarchie

Britannique, est la ville la plus grande, la plus riche et la plus peuplée de l'Europe. La *Tamise* qui la traverse, présente un vaste port, animé par la présence d'innombrables navires. Elle se compose de trois quartiers principaux, dont deux à gauche du fleuve, la *Cité-de-Londres*, siége du commerce, et la *Cité-de-Westminster*, séjour de l'aristocratie. Le troisième à droite de la Tamise, le bourg de *Southwark*, est occupé par les manufactures. Principaux monuments : Église de Saint-Paul, Abbaye de Westminster, Palais du Parlement, Palais de Buckingam et de Saint-James, Parcs du Régent, Saint-James, Green-Park, Hyde-Park.

LUCIE.

Je n'avais jamais ouï parler d'une ville aussi considérable. Hélas ! que le Seigneur doit y être offensé !

LA GÉOGRAPHIE.

Une grande ville offre tous les contrastes : à côté de l'écume de la société, habitent les gens les plus honorables.

L'EUROPE.

Il y a plusieurs villes remarquables le long des côtes de l'Angleterre, en partant de l'orient, passant par le midi et retournant par l'occident.

C'est d'abord *Newcastle* , connu par son charbon de terre ; *Sunderland* , par son bon port ; *York* , très-ancienne, et siége d'un archevêché ; *Hull*, port célèbre sur l'Humber ; *Sheffield* et *Leeds* , peuplées de plus de 400,000 h.; *Norwich* , chef-lieu du comté de Norfolk ; *Cantorbéry* , célèbre par son ancienneté , par son archevêché , par sa métropole ; *Greenwich*, connu par son Observatoire et par son Hôpital de la marine; *Wolwich* , par ses chantiers de construction ; *Chatham* , par l'importance de son port militaire ; *Douvres* , *Folkstone* , *Brighton* , par l'animation de leurs ports, dans leurs relations avec la France ; *Portsmouth* , par son port militaire :

Bristol (130,000 h.), un des principaux ports du commerce de l'Angleterre , sur l'*Avon* ; *Bath* , fameuse par ses eaux minérales ; *Liverpool* (300,000 h.), célèbre par son port très fréquenté, à l'embouchure de la Mersey ; *Manchester* (400,000 h.), la seconde ville de l'Angleterre et renommée par ses manufactures de coton ; *Boston* (60,000 h.), connu aussi par ses fabriques nombreuses ; *Cambridge* et *Oxford* , avec de célèbres universités ; *Birmingham* (150,000 h.), manufactures d'armes.

La *Principauté de Galles* est à l'ouest de l'Angleterre, et s'avance entre la mer d'Irlande,

au nord , le canal de Saint-George , à l'ouest ,
et le canal de Bristol , au sud. Comme le sol y
est peu fertile , l'agriculture n'y fleurit pas. Par
contre , rien de plus animé que l'industrie manufacturière et que l'exploitation des riches mines de fer , de plomb et de cuivre. La population est d'un million d'âmes ; le pays se divise en Galles septentrionale et en Galles méridionale : chacune comprend six comtés, ou douze entre les deux.

Les deux plus importantes villes de cette contrée sont : *Swansea* , port de mer et *Merthyr-
Thydwill* , ville manufacturière de 35,000 âmes,
situées l'une et l'autre dans le comté de Gla-
morgan.

L'*Écosse* est un pays long et irrégulier , qui
occupe toute la partie de la Grande-Bretagne ,
située au nord du golfe de Solway , des monts
Cheviot et de l'embouchure du Tweed. Il compte environ 3,000,000 d'habitants, sur une superficie de 77,000 kilomètres carrés.

La région du nord s'appelle *Terre-haute* et
celle du midi, *Terre-basse.*

L'*Écosse* est partagée en trente-sept comtés,
classés en comtés du sud, en comtés du milieu et
en comtés du nord.

Dans les comtés du sud se trouvent *Édimbourg* (200,000 h.), capitale de l'Écosse, près de

la côte méridionale du golfe de Forth, dans une situation magnifique; *Leith*, port d'Édimbourg, sur le golfe de Forth; *Glasgow* (350,000 h.), ville manufacturière, sur la Clyde; *Greenock*, port très fréquenté, à l'embouchure de la Clyde; *Paisley* (50,000 h.), ville manufacturière.

Dans les comtés du milieu on trouve : *Saint-André*, sur la mer du Nord, avec une célèbre université; *Dundée* (70,000 h.), port très-florissant, à l'embouchure du *Tay* ; *Aberdeen* (60,000 h.), port de mer.

Trois groupes d'îles dépendent de l'Écosse. Ce sont : les *Hébrides*, les *Orcades* et les *Shetland*. Les *Hébrides* se divisent en deux archipels : les *Hébrides* proprement dites et les *Hébrides Sporades*, c'est-à-dire, éparses sans ordre le long de la côte de la Grande-Bretagne.

LUCIE.

Vous devez être bien fatiguée, car vous parlez depuis plus d'une heure.

LA GÉOGRAPHIE.

L'*Europe* apprend ainsi à l'enfance qu'il faut remplir la mission dont le ciel nous a chargés au milieu de nos semblables.

LUCIE.

C'est bien vrai : chacun doit s'acquitter en conscience des obligations de son état.

L'EUROPE.

L'*Irlande* est fertile, mais elle offre presque partout l'aspect de la misère, parce que l'agriculture et le commerce n'y sont pas encouragés. Le ciel y est brumeux et la température humide, mais douce. Les beaux pâturages de ce pays nourrissent des bestiaux renommés. Il y a des marbres magnifiques et des mines de houille et de plomb.

L'île est divisée en quatre provinces, formant trente-deux comtés.

Les principales villes de l'Irlande sont : *Dublin* (300,000 h.), capitale de l'Irlande, au fond d'une baie magnifique de la côte orientale de l'île ; *Kilkenny*, très belle ville ; *Cork*, ville maritime de plus de 100,000 habitants ; *Waterford*, port, à l'embouchure de la Suir ; *Limerick* (70,000 h.), port aussi très important, sur le Shannon ; *Londonderry*.

LUCIE.

Je ne serais point fâchée de connaître la forme du gouvernement et la religion d'un pays aussi célèbre que l'Angleterre.

LA GÉOGRAPHIE.

Ce sont deux points essentiels dans l'étude de ma science.

Le gouvernement anglais est une monarchie constitutionnelle ; les femmes peuvent régner ; le roi ou la reine partage le pouvoir avec deux Chambres : la Chambre haute, des Lords ou des Pairs, composée de membres choisis par le souverain, et la Chambre basse ou des Communes, composée des membres élus par la nation. Les deux Chambres forment le Parlement.

La religion anglicane est la religion dominante en Angleterre ; elle reconnaît pour chef suprême de l'Église le souverain même de la Grande-Bretagne ; elle a des archevêques et des évêques. En Écosse, règne le Presbytérianisme, qui ne reconnaît pas d'évêques Les Irlandais professent presque tous le catholicisme ; cependant, par un de ces travers assez ordinaires aux Anglais, la religion anglicane est celle de l'État en Irlande.

LUCIE.

Des curés, des chanoines, des évêques et des archevêques avec une femme pour chef, toute reine qu'elle est, offrent à mon esprit la plus bizarre contradiction. Je ne pourrais même m'arrêter longtemps sur une pareille idée sans rire aux éclats.

LA GÉOGRAPHIE.

Si vous connaissez les égarements d'Henri

VIII , d'abord intrépide défenseur , et ensuite cruel persécuteur de la religion de ses ancêtres, vous savez comment on est arrivé à une papauté laïque et même féminine.

LUCIE.

Je sais que la vertu conduit à la vérité, et le vice à l'erreur et au ridicule.

LA GÉOGRAPHIE.

Vous n'ignorez pas le grand et irrésistible mouvement qui pousse nos voisins égarés au retour vers le catholicisme.

LUCIE.

Je comprends que lorsque les passions sont devenues calmes, et que l'on se demande par quelle route on est arrivé au protestantisme , une voix intérieure répond : C'est par l'adultère et par la spoliation des églises.

LA GÉOGRAPHIE.

Quand les peuples égarés ne douteront plus de la conduite vraiment scandaleuse et du dévergondage des premiers réformateurs , ils retourneront en foule dans le sein de l'Église.

LUCIE.

Je suis fort surprise que les conversions ne soient pas déjà plus nombreuses.

Les jugements de Dieu sont impénétrables.

L'EUROPE.

Si, aux possessions anglaises ci-dessus relatées, nous ajoutons celles qui sont soumises à la même nation dans les autres parties du monde, l'Angleterre possède une surface de 14,000,000 de kilomètres carrés, et une population de 135,000,000 d'habitants. Sa brillante et active marine sert de lien à un grand nombre de territoires épars.

La force armée britannique est formée de l'armée proprement dite, comptant environ 130,000 hommes ; de la milice ou garde civique et d'un corps de cavaliers volontaires établis pour le maintien de l'ordre. Mais le principal élément de la force de l'Angleterre, c'est sa marine, qui est la plus puissante du monde, sous le rapport militaire. La flotte britannique se compose d'environ 570 bâtiments de guerre, dont 83 vaisseaux de ligne et 90 frégates, et le nombre des marins et des hommes de troupes de la marine est d'à-peu près 40,000.

Le revenu du royaume s'élève à environ 1300,000,000 ; le capital de la dette publique, à 19 milliards.

LUCIE.

Comment pourra-t-on se libérer d'un si lourd fardeau ?

LA GÉOGRAPHIE.

On prétend que plus un gouvernement doit, plus il est solide , parce que ses nombreux créanciers , non contents de le soutenir eux-mêmes, sont intéressés à lui faire des partisans.

LUCIE.

Je croyais qu'il en était des États comme des familles, que les dettes trop fortes ne manquent jamais d'entièrement ruiner.

LA GÉOGRAPHIE.

Comme les gros emprunts sont de date moderne, on ne sait peut-être guère où ils conduiront.

L'EUROPE.

Le *Danemark* a pour limites, au levant, la la mer Baltique; au couchant, la mer du Nord; au septentrion, la péninsule Scandinave, et au midi , l'Elbe qui la sépare du Hanovre.

Il est composé de deux parties, de l'*Archipel Danois* , à l'est, et de la *presqu'île danoise* , à l'ouest. Le premier se compose des îles *Seeland, Fionie , Gothland , Laaland , Falster, Bornholm* , etc. parmi les bras de mer qui baiguent ces îles ; on remarque surtout les trois passages qui font communiquer le *Cattégat* à la Baltique, c'est-à-dire , le *Sund*, entre Seeland et la Suède, le *Grand-Belt*, entre Seeland et Fionie, et le *Petit-Belt*, entre Fionie et la *presqu'île danoise*. L'*archipel* et la *presqu'île* réunis offrent une étendue d'environ 660,000 kilomètres carrés, et une population d'un peu plus de 2,000,000 d'âmes.

Le Danemark a un climat généralement assez doux pour sa latitude. Le sol y est assez fertile, surtout dans les îles et dans le sud de la presqu'île: on y remarque particulièrement de bons pâturages, et des récoltes de blé, de chanvre, de lin, de tabac, de houblon, de colza.

Il n'y a aucune montagne considérable. L'*Elbe*, qui se jette dans la mer du Nord dans la limite méridionale, est le seul fleuve important de cette contrée.

L'*Archipel Danois* et le nord de la presqu'île, c'est-à-dire , le *Jutland*, composent le royaume de Danemark proprement dit : le sud de la péninsule forme les duchés.

Les îles sont distribuées en trois diocèses. *Copenhague* (130,000), sur la côte orientale de l'île de Seeland, une des plus belles villes de l'Europe, à l'endroit le plus large du Sund; *Elseneur*, dans le nord-ouest de la même île, port très-commerçant, à l'endroit le plus resserré du Sund.

L'île de *Fionie* a pour chef-lieu *Odensée*.

Le *Jutland* est un pays froid, peu fertile, rempli de petits lacs, de sables et de bruyères : voici les noms des principales villes : *Viborg*, au centre ; *Aalborg*, au nord-est, à l'entrée et sur la côte méridionale de *Liimfiord*.

Il y a trois duchés, celui de *Schleswig*, ayant pour chef-lieu une ville du même nom ; celui de *Holstein*, pays riche en excellents pâturages, ou l'on élève des chevaux et des bœufs renommés ; *Glückstadt* est son chef-lieu. *Altona*, près de Hambourg, est un port très-commerçant, sur l'Elbe, avec une population de 25,000 âmes ; *Kiel*, sur un golfe de la Baltique ; enfin, le *duché de Lauenbourg*, dont le chef-lieu est la ville du même nom, sur l'Elbe.

Le Danemark possède, dans le nord de l'océan atlantique et dans l'océan glacial arctique, les îles *Færoe*, l'*Islande* et le *Groenland*.

Les premières sont assez riches en troupeaux. La seconde, remarquable par ses curiosités naturelles, est un pays des plus froids et des plus stériles. Le *Geyser*, source d'eau minérale chaude, s'élève quelquefois jusqu'à 22 pieds de hauteur. *Reskiavig* est la ville chef-lieu de l'île.

Le *Groenland* est une grande terre très-froide

et peu connue, faisant partie de l'Amérique, mais sans tenir au continent américain.

Saint-Thomas, *Sainte-Croix* et *Saint-Jean*, îles situées dans les Petites Antilles, appartiennent encore au Danemark.

Le gouvernement du Danemark est une monarchie, limitée par une assemblée des États. Le roi, comme possesseur des duchés allemands de Holstein et de Lauenbourg, est membre de la confédération germanique.

Le luthéranisme est la religion dominante de ce pays.

On parle danois dans l'*archipel*, dans le *Jutland* et les deux tiers de *Schleswig*; l'allemand est la langue du reste de *Schleswig* et des deux autres duchés.

La marine militaire du Danemark est assez considérable : elle compte 112 bâtiments, dont 5 vaisseaux de ligne et 8 frégates.

LUCIE.

Que le Danemark soit ce qu'il voudra, je n'aimerais guère à l'habiter.

LA GÉOGRAPHIE.

Chacun se plaît dans le pays qui l'a vu naître.

LUCIE.

C'est là un grand bienfait de la Providence : car si les peuples des latitudes brûlées par les ardeurs du soleil ou ensevelis sous les montagnes de neige, savaient au juste comment on est dans les latitudes tempérées, les plus favorisées de la nature, ils s'y porteraient en foule pour en supplanter les habitants.

L'EUROPE.

La *Suède*, unie à la *Norvège*, est bornée à l'est par le golfe de Bothnie; à l'ouest, par l'océan Atlantique et par la mer du Nord; au nord, par l'océan Glacial, et au midi par le Kager-rack, le Cattégat et le Sund. La Tornéa et la Toula la séparent de la Russie au nord-est.

La monarchie Scandinave contient environ 738,000 kilomètres carrés, et a une population de 4,500,000 habitants, dont 1,300,000 pour la Norvège en particulier.

La Suède offre une surface généralement plate : la Norvège est presque partout hérissée de montagnes, mais l'une et l'autre sont remarquables par l'abondance de leurs rivières et de leurs lacs, par leurs points de vue pittoresques, leurs hivers longs et rigoureux. Cependant la Suède est moins froide que la Norvège. Les étés y sont fort courts, mais très-chauds à cause de la longueur des jours.

Le sol est assez fertile dans les parties méridionales; on y récolte surtout du blé, du seigle, de l'orge, de l'avoine, des pommes de terre et du lin. Les forêts sont formées de pins, de frênes, de bouleaux et de sapins d'une hauteur extraordinaire.

Les parties septentrionales sont presque dépourvues de plantes. On y trouve néanmoins des mousses et des lichens, propres à la nourriture de l'homme, à la médecine et à la teinture. La principale richesse y consiste en un animal précieux, le renne, dont le lait et la chair servent d'aliment, et qu'on attelle aux traîneaux.

La Scandinavie est fort riche en mines de cuivre, de fer et d'argent.

Les principales villes de la Suède, sont : *Gefle*, port commerçant ; *Upsal*, connue par sa magnifique cathédrale, son Observatoire et sa savante université ; *Stockholm*, capitale de la Suède, peuplée de 90,000 h., sur le détroit qui unit le lac Mœlar à la Baltique ; *Gefleborg* (30,000 h.), seconde ville du royaume par sa population.

Christiania (32,000 h.), située au fond du golfe du même nom, est la capitale de la Norvège ; *Bergen* (24,000 h.)

Le gouvernement de la Suède et de la Norvège est une monarchie constitutionnelle. Quoique réunies sous un même sceptre, ces deux contrées ont leurs lois distinctes et leurs assemblées législatives indépendantes.

Le luthéranisme est la religion dominante. Il n'y a pour toute la Péninsule qu'un archevêché, celui d'Upsal.

Les langues suédoise et norvégienne appartiennent à la même origine que le danois et l'allemand ; elles sont mâles et énergiques. Les sciences sont cultivées avec succès dans la Scandinavie, et le peuple y est généralement éclairé.

Les *Lapons* forment, dans le nord de la Suède et de la Norvége, un peuple à part, remarquable par sa très-petite taille, son visage large, sa peau huileuse. La civilisation a peu pénétré chez eux. La plupart sont nomades ; leur langue se rapproche du finnois.

L'armée suédoise se compose de trois parties distinctes : d'une sorte de colonisation militaire, comptant environ 34,000 hommes ; d'enrôlements volontaires, 8,000 hommes ; de levées au moyen de la conscription, 13,000. L'armée norvégienne possède une organisation à part ; elle compte, en troupes permanentes, à peu près 14,000 hommes. La marine scandinave a dix vaisseaux de ligne et dix frégates.

La Suède ne possède que l'île de *St-Barthélemy* (Petites Antilles), en dehors de l'Europe. Le revenu de la Suède est de 62,000,000 ; celui de la Norvége, de 8,500,000.

LUCIE.

Quels faits historiques se rattachent à la presqu'île Scandinave ?

LA GÉOGRAPHIE.

Les Goths qui, dans le quatrième et le cinquième siècle, se répandirent dans le midi de l'Europe, en prenant les noms d'Ostrogoths et de Visigoths, venaient de ces pays, ainsi que les Normands, dont les massacres et les dévastations, avant leur établissement en Neustrie, aujourd'hui Normandie, avaient porté la désolation et l'effroi dans les mêmes contrées, durant le huitième et le neuvième siècle.

LUCIE.

Est-il possible qu'il y ait des hommes aussi cruels ?

LA GÉOGRAPHIE.

Le christianisme, en subjuguant les âmes, a changé leurs instincts, les faisant devenir douces et humaines, de féroces et d'inhumaines qu'elles étaient auparavant.

L'EUROPE.

La *Russie* a pour bornes, à l'orient, les monts Ourals ; à l'occident, la mer Baltique, le royaume de Prusse et l'empire d'Autriche ; au nord, l'Océan glacial, et au midi, la mer Noire et le Caucase.

La *Russie* surpasse en étendue tout le reste de l'Europe, ayant 5,870,000 kilomètres carrés. Sa population est de 60,000,000 d'habitants.

La *Russie d'Europe* n'est, pour ainsi dire, qu'une plaine immense, coupée çà et là dans son intérieur par quelques chaînes de collines, arrosée par de nombreux et grands cours d'eau. Le nord est un pays triste et stérile, où règne un froid très-vif. Le nord-ouest est rempli de lacs, que séparent généralement des collines rocailleuses. Le centre et l'ouest sont les parties les plus peuplées et les mieux cultivées ; on y trouve pourtant de vastes marais, entr'autres ceux de Pinsk, qui sont les plus étendus de l'Europe. Le sud jouit d'un climat assez doux et offre plusieurs cantons fertiles : on y récolte beaucoup de blé, de tabac, de lin, et la vigne y réussit ; mais il y a aussi de vastes steppes herbacées, infestées de sauterelles. Le sud-est, entre la mer d'Azof et la mer Caspienne, contient des steppes sablonneuses, des plaines imprégnées de sel et une infinité de lacs salés. L'est est remarquable par ses immenses forêts et par ses richesses minérales ; on y trouve d'abondantes mines de cuivre, d'or, de platine, et l'on y a reconnu l'existence des diamants.

Parmi les arbres de la Russie, on remarque les pins et les sapins, dont on exporte une grande quantité.

Le nom de Russie réveille l'idée d'une température très-froide ; le nord, en effet, est soumis à un climat très-rigoureux ; et même, dans les autres parties, qui sont plus tempérées, le froid est généralement plus grand, à latitude égale, que dans le reste de l'Europe.

La Russie comprend : 1° quarante-sept gouvernements qui portent généralement les noms de leurs chefs-lieux ; 2° quatre provinces ; 3° deux sortes de républiques militaires, celle des Cosaques du Don et celle des Cosaques de la mer Noire ; 4° le grand duché de *Finlande* ; 5° le royaume de *Pologne* ; 6° la *Circassie*, pays presque entièrement insoumis.

Arkhangel (20,000 h.), au nord, centre du commerce maritime du nord de la Russie, sur la Dwina, vers son embouchure dans la mer Blanche.

Saint-Pétersbourg (450,000 h.), capitale de la Russie, au fond du golfe de Finlande, sur les deux rives et sur plusieurs îles de la Néva. Cette ville fut bâtie par Pierre-le-Grand, vers le commencement du XVIIIe siècle, au milieu de marais insalubres, et elle est devenue l'une des capitales les plus magnifiques de l'Europe.

Cronstadt, importante place forte et maritime, sur une petite île du golfe de Finlande, près et à l'ouest de Saint-Pétersbourg.

Riga (55,000 h.), port très-commerçant, sur la Duna, près de l'embouchure du fleuve; *Dorpat*, ville importante par son université; *Vilna* (55,000 h.), dans l'ancienne Lithuanie; *Novgorod*, siége au moyen âge d'une puissante république, mais bien déchue aujourd'hui.

Le royaume de *Pologne*, qui n'est en réalité qu'une vice-royauté, ne correspond qu'à une faible partie de l'ancien et puissant royaume de *Pologne*, démembré par un partage entre la Russie, la Prusse et l'Autriche. La première a obtenu la plus grande portion.

Ce pays renferme environ 5,000,000 d'habitants. Il offre une surface très-unie, et le nom de *Pologne* signifie *pays plat*; il y a des cantons marécageux, de vastes forêts, mais aussi beaucoup de terrains très-riches en blé, en lin, etc.

Varsovie (165,000 h.), en est la capitale, sur la Vistule. Les autres villes sont : *Kalisch* (15,000 h.), belle ville; *Lublin*, au sud.

Sur les versants des mers Noire et d'Azof, on trouve : *Kichenev* (40,000 h.), chef-lieu de la Bessarabie; *Bender*, *Akkerman*, *Ismaïl*, dans la même province; *Odessa* (60,000 h.), une des principales places maritimes de l'Euro-

pe, dans le gouvernement de Kherson ; *Sim-
féropol*, chef-lieu du gouvernement de la Tau-
ride , qui est en grande partie formé de la presqu'île de Crimée ; *Sébastopol*, ville assez connue par les événements du jour, sur la côte sud-
ouest de cette presqu'île ; *Caffa* ; *Berditchev*
(20,000 h.); les habitants sont presque tous israélites ; *Kiev* (60,000 h.), sur le Dnieper, une
des villes les plus anciennes et les plus célèbres
de la Russie ; *Mohilev* , célèbre par une victoire
des Suédois sur les Russes, en 1707 ; *Smolensk,*
prise par les Français, en 1812 , malgré ses
importantes fortifications, sur le Dnieper ; *Pul-
tawa*, connue par la victoire de Pierre-le-Grand
sur Charles XII , roi de Suède, en 1709 ; *Khar-
kov* (30,000 h.), chef-lieu de l'Ukraine, un des
pays les plus fertiles de la Russie.

Les Cosaques du Don et les Cosaques de la
mer Noire, ne sont qu'une partie du peuple des
Cosaques , répandu dans beaucoup d'autres
contrées de la Russie , et qui paraît s'être formé , vers la fin du moyen âge , par la réunion
de populations vagabondes , les unes slaves, les
autres mongoles. Ces hommes, fameux par leur
esprit belliqueux, et cavaliers habiles, ont adopté la langue des Russes , conservant, sur plusieurs points, des institutions assez libres ; les
Cosaques du Don, ainsi que ceux de la mer

Noire, placés au sud-est de la mer d'Azof, ont particulièrement une sorte d'existence indépendante et une constitution toute militaire, qui diffère entièrement de l'organisation des gouvernements de l'empire. Leur chef, confirmé par l'empereur, se nomme Hetman.

LUCIE.

On dit que les Cosaques font beaucoup de mal, le jour d'une bataille.

LA GÉOGRAPHIE.

Lorsque, avec leurs chevaux légers, ils peuvent surprendre des corps d'ennemis peu nombreux, ils ne manquent pas d'en faire un horrible massacre.

LUCIE.

Ne sont-ils pas chrétiens?

LA GÉOGRAPHIE.

Quoique baptisés, ils n'ont pas de la religion les mêmes idées que nous.

LUCIE.

Peut-être ne connaissent-ils pas assez les prescriptions évangéliques?

LA GÉOGRAPHIE.

C'est la principale cause de leur férocité.

L'EUROPE.

Astrakhan (40,000 h.), ville maritime, sur une

île du Volga; *Moscou* (250,000 h.), en été, et 400,000 en hiver), sur la rivière Moskva, longtemps la métropole de la Russie, conservant encore le titre de seconde capitale de l'empire, et, après Londres, la ville la plus étendue de l'Europe, (45 kilomètres de tour); *Toula* (40,000 h.), célèbre par ses manufactures d'armes; *Kalouga* (30,000 h.), renommée par son caviar, fameuse par ses mines d'or, de cuivre, de malachite, de platine qu'on trouve dans son gouvernement; *Oufa*, chef-lieu du gouvernement d'*Orenbourg*.

La ville la plus remarquable des pays situés entre la mer Noire et la mer Caspienne est *Derbent*, place forte, sur cette dernière mer.

Le gouvernement de la Russie est une monarchie absolue; l'empereur ou *Tzar* prend aussi le titre d'*autocrate de toutes les Russies*; il a un conseil de l'empire et un sénat. La religion dominante est la religion grecque, une des branches principales du christianisme: l'empereur est le Chef suprême de l'Église grecque en Russie; mais il délègue son autorité au saint synode, qui siége à St-Pétersbourg. La langue de l'Église est le vieux slavon.

Les Catholiques sont très-nombreux dans les provinces polonaises. Il y a aussi beaucoup de grecs-unis, ainsi nommés, parce qu'ils se sont réunis sur plusieurs points religieux à l'Église Romaine. Les Juifs y sont fort répandus, et on a appelé la Pologne le *paradis des Juifs*; presque tout le commerce s'y trouve entre leurs mains.

La population Russe est un mélange de toutes sortes de peuples. Cependant les Russes et les Polonais forment la masse de ce grand empire.

C'est par une force militaire colossale que la Russie est surtout puissante : l'armée est d'environ 800,000 hommes, en temps de paix, et de 1,049,000 sur le pied de guerre. Avant cette dernière guerre, la flotte comptait 45 vaisseaux de ligne et 30 frégates. Le revenu de l'État s'élève à environ 500,000,000 de francs.

LA GÉOGRAPHIE.

Si Madame l'*Europe* n'est pas épuisée de lassitude, il faut qu'elle jouisse de la santé la plus forte.

L'EUROPE.

Je suis d'avis de renvoyer l'entretien de ce soir à demain matin, pour avoir le temps de me reposer.

SCÈNE QUATRIÈME.

LA GÉOGRAPHIE, L'EUROPE, CASIMIR, LUCIE, L'AUTRICHE, LA PRUSSE.

LUCIE.

Si Casimir s'était trouvé hier avec nous, il aurait entendu parler des pays les plus désagréables de la terre.

CASIMIR.

Quoique absent pour des raisons légitimes, je n'ignore de rien de ce qui les concerne.

LUCIE.

Comment faites-vous pour vous mettre au courant sans l'aide d'un professeur ?

CASIMIR.

J'étudie en mon particulier, et lorsqu'un point m'embarrasse, mon père se fait un plaisir de me l'expliquer.

LUCIE.

Il est vrai que les livres contiennent tout, et qu'avec la passion de les lire, on peut se former peu à peu, et devenir instruit.

CASIMIR.

On nous confie à des maîtres, bien plus pour la culture du cœur que pour celle de l'esprit.

CASIMIR.

Si le bon sens ne nous manquait pas , où trouver de meilleurs guides que nos pères et nos mères ? en nous montrant le bon chemin , ils savent ce qu'ils font.

LUCIE.

L'expérience qu'ils ont et l'amour dont ils brûlent pour nous , les rendent les plus propres à peindre à nos yeux les charmes de la vertu et la laideur du vice.

CASIMIR.

Par le plus grand des malheurs , par un aveuglement inconcevable , ce qui sort de la bouche des parents impressionne peu la plupart des enfants.

LUCIE.

On se repent plus tard du mépris qu'on a fait de leurs sages conseils.

LA GÉOGRAPHIE.

Je me plaisais à écouter votre entretien, plein de sagesse et de sel. Les parents sont les bons amis, les meilleurs amis que nous ayons. C'est pourquoi, ils ne nous disent rien qu'ils ne sentent. Ils voudraient que leurs enfants fussent de vrais modèles de perfection. Aussi, ne pas les écouter avec respect, ne pas s'efforcer de pratiquer ce qu'ils nous recommandent, c'est commettre une grande faute, pouvant avoir les plus fâcheuses suites.

L'EUROPE.

L'*Allemagne* est bornée à l'est par la Pologne et par les parties non allemandes de la Prusse et de l'Autriche, c'est-à-dire, par la Prusse, proprement dite, la province de Posen, la Galicie et la Hongrie ; à l'ouest, par la Hollande, la Belgique et la France ; au nord, par la mer Baltique et la mer du Nord, ou d'Allemagne ; au sud, par la Suisse, l'Italie et la mer Adriatique.

Ce grand pays a à peu près 640,000 kilomètres carrés, et 40,000,000 habitants.

Le midi de l'Allemagne est très-montagneux ; les Alpes présentent leurs sommets couverts de neige et de glace ; mais à leurs pieds, s'ouvrent des vallées riantes et chaudes. Le milieu offre un mélange agréable de collines, de vallons fertiles et de belles forêts. Le nord a des plaines sablonneuses, des marécages, et il y règne un climat froid et humide.

La température de l'Allemagne est, en général, à latitude égale, un peu plus basse qu'en France.

Cette contrée est riche en mines : il y a de l'or, de l'argent, du cuivre, du fer, du plomb, de l'étain, du mercure, du manganèse, du cobalt, de l'arsénic, du sel gemme, de l'alun, de la houille, des pierres précieuses.

Le sol est généralement fertile et bien cultivé. Les céréales, les pommes de terre, le chanvre, le lin, les plantes oléagineuses, le houblon, la garance, le pastel, le tabac, la vigne, sont ses principaux produits.

Les bœufs, les moutons, les chevaux, les porcs, sont nombreux et estimés.

L'*Allemagne* n'est ni un royaume, ni un empire, ni une république : c'est une agglomération d'un grand nombre d'États diversement gouvernés et portant les titres de royaumes, de duchés, de principautés et de villes libres. Ils sont confédérés, et leur ensemble forme la *Confédération Germanique*.

On compte trente-six États qui se partagent ce pays : quatre d'entr'eux n'ont en Allemagne qu'une partie de leurs domaines, possédant en outre, hors de cette contrée, des territoires considérables : ces quatre États sont l'*Autriche*, la *Prusse*, la *Hollande* et le *Danemark*.

L'Autriche comprend en Allemagne, la *Bohême*, la *Moravie*, avec la *Silésie Autrichienne*, l'Archiduché *d'Autriche* avec le duché de *Sazlbourg*, la *Styrie*, l'*Illyrie* et le *Tyrol*.

La Prusse y renferme les provinces de *Pomé-*

ranie, de *Brandebourg*, de *Saxe*, de *Silésie*, de *Westphalie* et du *Rhin*.

Le Danemark y possède seulement les *Duchés de Holstein* et de *Lauenbourg*; et la Hollande, le *Grand-Duché de Luxembourg* et le *Duché de Limbourg*.

Les trente-deux autres États sont entièrement compris dans le territoire allemand, en formant, pour ainsi dire, le cœur. Mais comme il serait trop long de les tous nommer avec leurs principales villes, je me contenterai d'accorder cet honneur aux quatre monarchies constitutionnelles et aux plus considérables principautés.

CASIMIR.

Je désirerais bien savoir la raison d'un si grand nombre d'États compris dans la *Confédération Germanique*; car on ne voit rien de semblable ailleurs.

LA GÉOGRAPHIE.

La couronne impériale, d'abord héréditaire dans la famille de Charlemagne, devint élective en 911, et passa successivement à des princes de différentes maisons. Cette révolution fut l'origine de cette multitude d'États qui ont partagé l'Allemagne. Maîtres de disposer du trône par leurs suffrages, les gouverneurs des provinces s'arrogèrent des droits qu'ils n'avaient pas, et les duchés, les comtés et les marquisats qui n'étaient que des commissions, devinrent des souverainetés. Les ducs commandaient aux comtes, qui portaient le nom de *margraves*, sur la frontière ; de *rhingraves*, sur les bords du Rhin, et de *landgraves*, dans l'intérieur du pays.

CASIMIR.

Que signifie la confédération de tous ces princes ?

LA GÉOGRAPHIE.

Comme ce pays est situé entre deux puissants empires , l'empire de Russie et celui de France, on a cru nécessaire de former une union de tous les peuples allemands pour les rendre plus forts dans le cas de certaines éventualités.

L'EUROPE.

Le royaume de *Hanovre*, est le plus important des États allemands dans la région du nord. Les principales villes sont : *Hanovre* (28,000 h.), sur la Leine, affluent de l'Aller ; *Lunebourg*, avec d'importantes salines ; *Emden*, ville maritime la plus commerçante du royaume ; *Osnabrück*, fameuse par le traité de paix, conclu en 1618, entre les Suédois et l'empereur d'Allemagne ; *Gottingue*, qui possède une des plus célèbres universités de l'Europe, avec une bibliothèque de 300,000 volumes, et un riche jardin botanique ; *Schwerin* (17,000 h.), capitale

du *Grand-duché de Mecklembourg*, de ce nom ;
Neu-Strelitz, capitale de l'autre *Mecklembourg*.

Oldenbourg (6,000 h.), capitale du grand
duché du même nom.

Les trois villes libres de *Brême*, de *Hambourg*
et de *Lubeck* portent aussi le titre de *villes an-*
séatiques, c'est-à-dire, alliées pour le commerce.

Hambourg (136,000 h.), la plus grande, la
plus commerçante des villes libres de l'Allemagne, est sur la rive droite de l'*Elbe*, entre le
Hanovre et le Danemark.

Brême (40,000 h.), est sur le *Weser*, entre
le Hanovre et l'Oldenbourg. Ce fut la première
des villes anséatiques.

Lubeck (36,000 h.), la plus septentrionale
des villes anséatiques.

Brunswick (40,000 h.), capitale du duché
de ce nom. *Wolfenbuttel*, remarquable par sa
riche bibliothèque.

Dresde (90,000 h.), capitale du royaume de
Saxe, sur l'Elbe. Aux environs, est le château de
Pilnitz, célèbre par les conférences de 1791.

Meissen, célèbre par sa porcelaine. *Leipsick*
(50,000 h.), fameuse par son commerce de livres, par son importante université et par la
bataille de 1813. *Bautzen*, célèbre par une
bataille en 1813.

Weimar, (12,000 h.), célèbre par la culture

des sciences et des lettres, est la capitale du grand-duché de Saxe-Weimar-Eisenach ; *Iéna*, fameuse par son université et par la victoire des Français sur les Prussiens, en 1806.

Gotha (15,000 h.), une des deux capitales du duché de Saxe-Cobourg-Gotha ; elle possède les établissements scientifiques les plus intéressants, entre autres, un Observatoire et une Bibliothèque de 150,000 volumes ; *Cobourg*, autre capitale du même duché.

Cassel (30,000 h.), capitale de la Hesse-Électorale ; *Mayence* (30,000 h.), forteresse très-importante.

Darmstadt (30,000 h.), capitale de la Hesse ; *Fulde* a une superbe cathédrale ; *Hanau*, ville manufacturière.

Francfort-sur-le-Mein (60,000 h.), est le siége de la Diète de la *Confédération Germanique*. Ses deux grandes foires y attirent un nombre immense de négociants.

Wiesbaden, capitale du duché de *Nassau*, a des sources thermales renommées. Le duc demeure ordinairement à *Biberach*, à 4 kilomètres de cette ville. Ce duché possède encore les eaux minérales d'*Ems* et celles de *Nieder-Selters* (qu'on appelle vulgairement *Eaux de Seltz*.)

Carlsruhe (24,000 h.), capitale du grand duché de Bade, belle ville.

Manheim (24,000 h.); *Heidelberg*, avec une fameuse université et les restes du château des Électeurs Palatins, détruit par les armées de Turenne; *Rastadt*, célèbre par les conférences de 1714 et de 1798; *Bade*, qui doit son origine à ses bains d'eaux minérales, fréquentés par un nombre immense de riches étrangers; *Salsbach*, où Turenne fut tué en 1676; *Fribourg-en-Brisgau*, avec une importante université; *Constance*, célèbre par le Concile de 1414 à 1418, et située sur la frontière de Suisse, à l'endroit où le Rhin sort du lac du même nom pour entrer dans le lac inférieur.

Stuttgard (40,000 h.), capitale du royaume de Wurtemberg; *Louisbourg*, autre résidence royale; *Hall*, connue par ses sources salées; *Ulm*, sur le Danube, célèbre par la capitulation de 1805.

La *Bavière* se divise en deux, en *Bavière propre* et en *Bavière Rhénane*.

Munich (100,000 h.), capitale du royaume, est sur l'Isar. Les autres villes remarquables sont : *Augsbourg* (35,000 h.); *Ratisbonne* (25,000 h.), au confluent de la Regen et du Danube, ville ancienne, qui fut longtemps le siége de la Diète de l'empire germanique.

Nurenberg (42,000 h.), intéressante par son grand commerce et ses nombreuses fabriques de musique et de mathématiques, de lunettes, de jouets d'enfants, de chapelets ; par l'invention des montres, des pendules, des filières à tirer le fil de fer, des fusils à vent, des batteries d'armes à feu, de la clarinette, du laiton et de la sphère terrestre ; *Bamberg* (20,000 h.), avec le magnifique château de *Petersberg* ; *Wurtzbourg*, sur le Mein, avec une citadelle célèbre, une université et des vignobles renommés.

Spire, chef-lieu de la Bavière Rhénane ; *Landau*, avec d'importantes fortifications.

L'armée de la Bavière s'élève à 78,000 hommes, et son revenu à 100,000,000.

Les trente-six États qui se partagent la possession de l'Allemagne sont confédérés, et leur union forme la Confédération Germanique. Ils sont d'ailleurs indépendants les uns des autres, et chacun a ses lois et son gouvernement particuliers. Les affaires qui intéressent la Confédération sont réglées par une Diète qui siége à *Francfort-sur-le-Mein*.

C'est de l'Allemagne que partit le grand schisme du quinzième siècle. Toutes les religions y sont tolérées ; la religion catholique domine au sud, et la protestante, au nord. L'instruction y est fort répandue. Il y a vingt universités et une infinité de gymnases, de musées, de sociétés littéraires, de bibliothèques publiques : la langue allemande est belle et poétique.

CASIMIR.

Comment avec de si nombreux et de si peu considérables États, se tire-t-on des embarras du commerce?

LA GÉOGRAPHIE.

Le commerce a été longtemps entravé, en Allemagne, par la multiplicité des petits États, qui avaient, chacun, ses douanes particulières : mais, depuis 1833, sous l'influence de la Prusse, il s'est établi une association commerciale, appelée *zolwerein*, (*union des douanes*), qui possède une frontière générale des douanes, de sorte que tous les États de l'association sont enfermés dans l'uniformité d'un même tarif; cependant quelques États n'y ont pas accédé.

Il s'est formé une autre union douanière, nommée *stemwerein* (*union des impôts*), dont le Hanovre est le centre.

C'est surtout par les ports de Hambourg, de Brême, de Lubeck, au nord, et par celui de Trieste, au sud, que se fait le commerce de l'Allemagne.

CASIMIR.

Puisque la matière est, pour ainsi dire, épuisée sur l'Allemagne intérieure, prêtons l'oreille à ce que l'*Autriche*, une des principales filles de l'Europe, va nous dire sur sa constitution.

L'AUTRICHE.

J'ai, au levant, l'empire de Russie ; au couchant, l'Allemagne intérieure et la Suisse ; au nord, le royaume de Pologne et celui de Prusse ; au midi, la Turquie d'Europe et la mer Adriatique.

Ma superficie est de 670,500 kilomètres carrés, et ma population, |de 37,000,000 d'habitants.

Au centre de mon empire, entre les deux systèmes de montagnes , je possède de vastes plaines , dont plusieurs sont marécageuses et malsaines. Au nord-est, au delà des Carpathes, on rencontre encore de grandes plaines, d'un aspect un peu monotone ; au sud-ouest, sont les plaines magnifiques des bords du Pô. Les cantons voisins de l'Adriatique jouissent d'un climat fort chaud, et l'olivier, le riz, le cotonnier, y donnent de bons produits. On récolte des vins renommés dans plusieurs parties de mon empire. Enfin, peu de contrées sont aussi riches en métaux : il y a de l'or, de l'argent, du cuivre, du fer , du mercure, de l'étain.

Je me divise en trois parties ; en partie *allemande*, en partie *italienne* et en partie *slave* et *hongroise*.

Dans ma partie allemande, je compte le royaume de *Bohéme*, dont la capitale est *Prague*

(13o,ooo h.), sur la Moldau, ville très-forte, avec une célèbre université ; *Reichenberg* (15,ooo h.), connue par ses draps ; *Tœplitz Carlsbad* et *Sedlitz* , par leurs bains d'eaux minérales.

2° Le margraviat de *Moravie*, joint au duché de *Silésie*, et dont la capitale est *Brünn* (4o,ooo h.), place forte. On remarque encore *Austerlitz*, petite ville illustrée par une grande victoire des Français en 18o5 ; *Olmutz* (15,ooo), place forte, ancienne capitale de la Moravie ; *Troppau*, capitale de la Silésie.

3° L'archiduché *d'Autriche* dont la capitale est *Vienne* (4oo,ooo h.) , sur la rive droite du Danube. A cette capitale de mon empire on peut ajouter dans cet archiduché , la ville de *Lintz* (25,ooo h.), place forte, sur le Danube; le château de *Schœnbrünn*, résidence impériale, et le village de *Wagram*, célèbre par une victoire des Français en 18o9.

4° Le duché de *Styrie*, abondant en mines de fer, et dont la capitale est *Gratz* (4o,ooo h.), sur la Muhr.

5° Le royaume d'*Illyrie* dont la capitale est *Laybach* (15,ooo h.), sur la Save; la plus grande ville est *Triest* (75,ooo h.) , le principal port de l'empire , au fond d'un golfe du même nom. On remarque ensuite *Idria*, renommée par ses riches mines de mercure ; *Goritz*.

6° Le comté de *Tyrol* dont la capitale est *Inspruck*, sur l'Inn, entre de très-hautes montagnes ; *Trente*, célèbre par le Concile tenu contre les protestants dans le XVIe siècle.

Le royaume *Lombardo-Vénitien* constitue ma partie italienne : il se divise en deux gouvernements, le gouvernement de *Lombardie* et celui de *Venise ;* le premier a pour capitale *Milan* (150,000 h.), sur l'Olona, avec une admirable métropole. Les autres villes sont : *Pavie* (25,000 h.), sur le Tésin, fameuse par son université et par la bataille qu'y perdit François Ier en 1525 ; *Crémone* (27,000 h.), sur le Pô, ville remarquable par ses fabriques de soieries et de violons ; *Mantoue* (30,000 h.), place forte presque imprenable, au milieu d'un lac formé par le Mincio : aux environs, se trouve le village de *Piétola*, l'ancien *Andes*, où naquit Virgile.

Le gouvernement de Venise a pour capitale *Venise* (115,000 h.), bâtie au milieu des lagunes, vers l'embouchure de la Brenta, sur 80 petites îles qui communiquent entre elles par 360 ponts. Des canaux y tiennent lieu de rues, et les gondoles, de voitures. On y remarque la place, le palais et l'église de St-Marc, le pont du Rialto sur le Canal-Grande. Cette ville a été longtemps une des républiques maritimes les plus puissantes du monde, mais elle est bien déchue aujourd'hui.

Les autres villes remarquables du même gouvernement sont : *Padoue* (50,000 h.), fameuse par son université ; *Vérone* (50,000 h.), sur l'Adige ; *Rivoli*, village qu'illustra une victoire de Bonaparte, en 1797 ; *Arcole*, autre village où les Français vainquirent les Autrichiens, en 1796 ; *Adria*, ville forte ancienne qui a donné son nom à la mer Adriatique ; *Udine* (20,000 h.) : près de là est le village de *Campo-Formio*, avec le château de *Passeriano*, où fut signé en 1797, un important traité de paix entre l'Autriche et la France.

LA GÉOGRAPHIE.

Qui sait, mes enfants, si vous avez retenu les noms des principales villes qu'on vient de vous désigner, avec la population de chacune, et les objets les plus intéressants qui les ont rendues célèbres ?

LUCIE.

Je pourrais vous les citer les unes après les autres, sans peut-être en oublier une seule.

CASIMIR.

Comment vous y êtes-vous prise pour cela ?

LUCIE.

D'abord, j'ai préparé ma leçon avec toute l'application possible, et ensuite, j'ai prêté une oreille très-attentive à toutes les explications de madame l'*Autriche.*

L'AUTRICHE.

Dans ma partie slave et hongroise, on distingue : 1° Le royaume de *Galicie* dont la capitale *Lemberg* (75,000 h.) , est une belle et grande ville ; *Cracovie* (40,000 h.)

2° Le royaume de *Hongrie* dont la capitale est *Bude* (40,000 h.), sur le *Danube.* Les autres villes remarquables sont : *Pesth* (100,000 h.), sur la rive gauche du Danube, en face de *Bude;* *Presbourg* (40,000 h.) , belle ville , ancienne capitale de la *Hongrie; Gran* , sur le Danube, patrie de saint Étienne , siége de l'archevêché primatial de la *Hongrie* , avec une magnifique cathédrale; *Schemnitz* , célèbre par ses mines d'or, d'argent, de plomb et de cuivre, et par son école de minéralogie ; *Neusatz* , place très-forte, dans le sud, sur le Danube.

3° Le royaume de *Croatie* , au sud de la Hongrie. La capitale est *Agram* (20,000 h.) , près de la Save.

4° L'*Esclavonie,* capitale *Kolosvar* (26,000 h.), sur la Szamos : la ville la plus considérable est *Cronstadt* (34,000 h.) , près de la frontière de la Turquie.

5° Les *confins militaires* qui composent une longue et étroite bande , s'étendant le long des frontières de la Turquie, depuis la mer Adriatique jusqu'à la Bukovine, diffèrent du reste de mon empire par une organisation toute militaire, qui fut établie au XVIe siècle, pour former une barrière contre l'empiétement des Turcs. C'est une espèce de camp perpétuel, et tous les habitants y sont soldats. Les deux parties les plus importantes sont : l'*Esclavonie militaire* et la *Croatie militaire*.

Peterwardein est la capitale de la première, place forte, célèbre par une grande victoire que le prince Eugène y remporta sur les Turcs en 1716. On y trouve encore *Carlowitz*, où fut conclu un traité fameux, en 1699, entre les Autrichiens et les Turcs.

Zengh, port de mer, se trouve dans la seconde.

6° Le royaume de *Dalmatie*, ayant pour capitale *Zara*, petite ville maritime de 7,000 âmes. *Raguse*, autrefois république puissante, et *Cattaro*, sont situées dans le même pays.

Mon gouvernement est une monarchie absolue. Le catholicisme est la religion dominante ; mais la liberté de conscience est entière.

Ma population est une agglomération de peuples divers, profondément séparés entre eux par les mœurs, les institutions, le langage, souvent même par une forte antipathie.

G.—S.

12

8,000,000 Allemands ; 5,500,000 Hongrois ou Magyars, peuple de famille Finnoise , et qui paraît originaire de l'Asie ; 5,000,000 Italiens , 15,000,000 Slaves , habitent sur mon immense territoire.

Je possède encore 2,700,000 Valaques et Moldaves , dont la langue dérive directement du latin. J'ai plus de Juifs que les autres pays. Enfin, on rencontre chez moi le plus de ces Bohémiens, populations errantes qu'il ne faut pas confondre avec les Bohèmes.

Les langues parlées dans mon empire sont aussi diverses que les nations qui l'habitent : cette divergence même des idiomes a fait adopter le latin comme un lien entre les différentes populations de la Hongrie et de la Transylvanie.

Mon organisation militaire est le principal élément de ma puissance. Mon armée se compose de deux parties distinctes : l'armée permanente, et les colonies militaires. En temps de paix , je compte 492,000 hommes ; en temps de guerre , ce nombre peut être porté jusqu'à 600,000. J'ai une armée navale de 27 bâtiments, dont 4 frégates et 6 corvettes. Mon revenu s'élève à 500,000,000 de francs.

LUCIE.

Quelle est l'étymologie du mot *Autriche* ?

LA GÉOGRAPHIE.

Pays de l'Est.

LA PRUSSE.

Je me nomme la *Prusse*, et suis bornée, au levant, par la Pologne ; au couchant, par l'Allemagne ; au nord par la mer Baltique, et au midi, par l'empire d'Autriche.

Ma superficie est de 279,400 kilomètres carrés, et ma population d'environ 16,000,000 d'âmes.

Je me divise en neuf provinces ; trois hors de l'Allemagne et habitées par des populations Slaves : ce sont la *Prusse orientale*, la *Prusse occidentale* et le duché de *Posen*. Mes six autres, placées en Allemagne, sont la *Poméranie*, le *Brandebourg*, la *Silésie*, la *Saxe*, la *Westphalie* et le *Rhin*.

Kœnisberg (75,000 h.), chef-lieu de la Prusse orientale, sur le Prégel. On remarque dans la même province *Tilsitt* (12,000 h.), sur le Niémen, célèbre par l'entrevue de Napoléon et d'Alexandre de Russie, en 1807 ; *Friedland* et *Eylau*, signalées par deux victoires des Français en 1807.

Dantzick (65,000 h.), dans la Prusse occidentale, la principale place maritime de la Prusse, sur le bras occidental de la Vistule.

Thor, patrie de Copernic, dans la même province.

Posen (45,000 h.), capitale de la province ; *Gnesne*, célèbre par ses foires.

Stettin (47,000 h.), chef-lieu de la Poméranie, sur l'Oder ; *Greifswald*, importante par son université.

Postdam (40,000 h.), chef-lieu du Brandebourg, jolie ville, sur le Havel, avec un magnifique château royal. Aux environs se trouve le château de *Sans-souci*, qui était la résidence ordinaire du grand Frédéric.

Berlin (425,000 h.), capitale du royaume, sur la Sprée ; *Brandebourg*, ville industrieuse ; *Francfort-sur-l'Oder* a des foires renommées.

Breslau (110,000 h.), sur l'Oder, chef-lieu de la Silésie.

Magdebourg (55,000 h.), chef-lieu de la province de Saxe, place forte, sur l'Elbe.

Luther et Mélanchton ont été enterrés à Wittemberg. *Halle* (34,000 h.), sur la Saale, fameuse par son université ; *Mersebourg*, par sa bière ; *Erfurt* (32,000 h.), par ses imposantes fortifications ; *Lutzen*, par la victoire et par la mort de Gustave-Adolphe, en 1612, et par une victoire de Napoléon, en 1813.

Munster (25,000 h.), chef-lieu de la Westphalie ; *Minden*, sur le Weser, près du défilé de la *Porte Westphalienne*, dans la forêt *Teutoburgienne*, où les légions de Varus furent massacrées par les Germains.

Coblentz (25,000 h.), chef-lieu de la province du Rhin, au confluent de la Moselle et du Rhin.

Les autres villes remarquables sont *Cologne* (95,000 h.), sur le Rhin, imposante par ses monuments gothiques; *Aix-la-Chapelle* (50,000 h.), très-ancienne et illustrée par le séjour de Charlemagne ; *Clèves* ; *Wesel*, place forte ; *Dusseldorf* (26,000 h.), une des plus belles villes de l'Allemagne, sur le Rhin; *Elberferd* (40,000 h.), avec de nombreuses fabriques de dentelles, de soieries ; *Zulpich*, autrefois *Tolbiac*, célèbre par la victoire de Clovis sur les Allemands ; *Juliers* ou *Julich*, recommandable par son antiquité et ses fabriques de draps; *Trèves*, ville très-ancienne, 19,000 h.

Mon gouvernement est une monarchie constitutionnelle. Mon roi est un des principaux membres de la Confédération Germanique, dans laquelle il a fait entrer, du moins temporairement, les provinces que j'ai hors de l'Allemagne. Toutes les religions sont tolérées dans mon royaume.

Je suis un des états de l'Europe les plus éclai-

rés ; je favorise beaucoup l'instruction populai-
re , et mes savants ont fait faire de grands progrès aux sciences et aux arts. Je possède six
universités : Berlin, Bonn , Kœnisberg , Hall ,
Breslau et Greifswald. Mon organisation militaire
est très-forte, et c'est par là que ma puissance qui a des limites si peu naturelles , et se
composant de parties si mal liées , est devenue
l'une des premières de l'Europe. Mon armée se
forme de troupes permanentes et de la milice na-
tionale, appelée *Landwehr*, ainsi que de la levée
en masse dont le nom est *Landsturm* : l'armée
permanente et la Landwrher peuvent former une
armée de 5oo,ooo hommes. Je ne possède point,
à proprement parler, de marine militaire ; je
n'ai qu'une flotte sans importance. Mes revenus
s'élèvent à environ 345,ooo,ooo de francs.

CASIMIR.

Avez-vous également retenu le nom de tous
les pays, que Madame la *Prusse* vient de dé-
rouler devant nos yeux ?

LUCIE.

En peut-il être autrement, puisqu'ils faisaient
partie de la leçon ?

CASIMIR.

Lorsque vous allez en classe, savez-vous toujours bien par cœur ce que la maîtresse vous a
donné à apprendre ?

LUCIE.

Je n'oserais point y paraître autrement. Au reste, c'est le premier travail auquel je me livre, en arrivant dans la maison paternelle.

CASIMIR.

Si votre mère vous commandait autre chose, que lui répondriez-vous ?

LUCIE.

Ma mère qui m'envoie à l'école pour que j'apprenne, se ferait un cas de conscience de me déranger de mes occupations littéraires. D'ailleurs, je suis sa très-humble servante dans tout ce qu'elle peut m'ordonner.

CASIMIR.

Vous n'oseriez donc point vous présenter ici, sans savoir parfaitement vos leçons ?

LUCIE.

Il faut en excepter le cas de maladie ou l'impossibilité absolue d'apprendre. Dans ce cas, je me rendrais à la classe, comme à l'ordinaire, pour profiter des explications que Mademoiselle ne manque jamais de faire.

CASIMIR.

Tout ce qui découle de vos lèvres est marqué au coin de la plus grande sagesse. On voit que

vous devez avoir pour mère la femme forte de
l'Évangile.

LUCIE.

Ma mère m'a constamment inspiré de l'estime et de l'amour pour ce qu'elle pratique elle-même.

CASIMIR.

C'est ainsi de tous les parents.

LUCIE.

Finissons-là ; car notre aimable maîtresse semble avoir quelque chose à nous dire.

LA GÉOGRAPHIE.

Je voulais vous rappeler qu'il commence à se faire tard, et que par conséquent il est l'heure d'aller se reposer.

CINQUIÈME SCÈNE.

LA GÉOGRAPHIE, L'EUROPE, CASIMIR, LUCIE,
LA FRANCE.

LA GÉOGRAPHIE.

Où passez-vous les soirées d'hiver ?

CASIMIR.

Je les passe ordinairement au sein de ma famille, auprès d'un bon feu.

LA GÉOGRAPHIE.

Pourquoi dites-vous ordinairement ?

CASIMIR.

Parce que mon père me conduit quelquefois chez mon oncle Lambert.

LA GÉOGRAPHIE.

Que faites-vous jusqu'à l'heure de votre coucher ?

CASIMIR.

J'écoute avec attention ce que mon père et ma mère disent sur des sujets religieux, ou concernant les affaires domestiques.

LA GÉOGRAPHIE.

Ne vous arrive-t-il pas quelquefois de mêler vos réflexions aux leurs ?

CASIMIR.

Jamais de ma propre volonté : s'ils me demandent ce que j'en pense, c'est différent.

LA GÉOGRAPHIE.

Les soirées se passent-elles toutes en conversations ?

CASIMIR.

Nous lisons très-souvent la vie du Saint du jour, ou un chapitre de l'Écriture Sainte.

LA GÉOGRAPHIE.

Suit-on le même réglement chez votre oncle?

CASIMIR.

Il n'y a pas dans la localité de maison plus religieuse que la sienne; car on y vit aussi régulièrement que dans un couvent.

LA GÉOGRAPHIE.

Vos cousins et vos cousines, ou si vous aimez mieux, ses enfants doivent donc être bien sages?

CASIMIR.

Ce sont de vrais modèles de piété et d'obéissance : aussi, tout le monde en fait le plus grand cas dans le pays.

LA GÉOGRAPHIE.

Les estimez-vous vous-même beaucoup?

CASIMIR.

Je les considère comme des frères.

L'EUROPE.

Comme j'ai à vous parler de trois contrées, je me permets de vous interrompre un peu plus tôt que d'habitude, afin d'avoir le temps de vous exposer ce qu'il y a de plus intéressant à rappeler sur chacune d'elles.

Le royaume des *Pays-Bas*, nommé aussi *Hollande* ou *Néerlande*, a pour limites, à l'est, l'Allemagne ; à l'ouest et au septentrion, la mer du Nord, et au sud, la Belgique et la France. Sa population est d'environ 3,000,000 d'âmes, et la superficie de son territoire, de 34,175 kilomètres carrés.

Ce pays tire ces différents noms de la situation très-basse de son sol, qui est en grande partie au-dessous du niveau de la mer, qui menace sans cesse de le dévaster, et qui l'a même très-souvent dévasté par d'effroyables inondations, y formant des golfes profonds.

Malgré cette incommode situation, les Pays-Bas ont un bel aspect; une infinité de villes, de bourgs et de villages opulents s'y offrent de toutes parts. D'excellents pâturages y nourrissent de nombreux troupeaux ; l'industrie et la patience des habitants y ont couvert le sol de riches cultures de blé, de lin, de garance, de tabac, de plantes d'agréments ; les fleurs y sont un objet important de commerce.

Les chemins de fer sont peu nombreux en Hollande, parce que le transport s'y fait le plus habituellement par la navigation sur les canaux ou sur les fleuves.

Il y a onze provinces dans ce petit royaume. Cinq sont autour du Zuyderzée : ce sont les provinces de *Frise*, d'*Over-Yssel*, de *Gueldre*, d'*Utrecht*, de *Hollande*. Trois autres sont maritimes, sans toucher au susdit golfe : les provinces de *Zélande*, de *Brabant* et de *Groningue*. Les trois provinces non maritimes sont celles de *Drenthe*, du *Limbourg hollandais* et du *Luxembourg hollandais*.

Leeuwarden (23,000 h.), chef-lieu de la Frise ; *Zwoll* (17,000 h.), chef-lieu de l'Over-Yssel ; *Deventer*, place forte, dans la première province ; *Arnheim* (15,000 h.), chef-lieu de la Gueldre ; *Nimègue* (21,000 h.), sur la Meuse, place forte de la même province, célèbre par le traité de paix qu'y conclurent, en 1678 et 1679, les principales puissances de l'Europe ; *Utrecht* (45,000 h.), chef-lieu de la province du même nom et connu par les traités de 1679 et de 1713.

Amsterdam (220,000 h.), la principale ville du royaume, chef-lieu de la Hollande septentrionale ; *Harlem* (24,000 h.); *Broeck*, renommée par son extrême propreté ; *Saardam*, célèbre par la résidence qu'y fit Pierre-le-Grand.

La Haye, chef-lieu de la Hollande méridionale et capitale du royaume (65,000 h.); *Leyde* (65,000 h.), fameuse par ses draps, par son université et par ses anciennes imprimeries des Elzéviers ; *Rotterdam* (80,000 h.), sur la branche septentrionale de la Meuse, et patrie d'Érasme ; *Dordrecht* (20,000 h.), sur une île qui fut

formée par la terrible inondation de la Meuse,
en 1421.

Middelbourg (17,000 h.), chef-lieu de la Zélande, dans l'île de Walcheren, l'une des principales qui composent cette province ; *Flessin-
gue*, sur la même île, importante par son beau
port et ses vastes chantiers ; *Bois-le-Duc* (22,000
h.), chef-lieu du Brabant septentrional ; *Breda*
et *Berg-op-Zoom*, places fortes, dans la même
province ; *Groningue* (34,000 h.), chef-lieu de
la province du même nom ; *Assen*, chef-lieu
de la province de Drenthe ; *Maestricht*, place
forte, chef-lieu du Limbourg hollandais ; *Luxembourg*, chef-lieu du Luxembourg hollandais qui, sous le titre de *grand-duché de Luxembourg*, fait partie de la Confédération Germanique.

Le gouvernement de la Hollande est une monarchie constitutionnelle ; il y a deux Chambres :
la première, composée de membres nommés
par le souverain, et la seconde, dont les membres sont élus par les provinces : ces deux Chambres forment les États-généraux. La religion générale est le calvinisme, la pire de toutes les
réformes modernes. Il y a dans cette contrée un
assez grand nombre de Luthériens et quelques
Catholiques.

L'instruction publique est florissante dans ce

royaume : il y a trois académies, celles de Leyde, d'Utrecht et de Groningue, et une académie militaire à Bréda.

La Néerlande a 20,000,000 de sujets dans ses diverses colonies d'Afrique, d'Amérique et d'Océanie.

Son armée est de 26,000 hommes. Sa marine compte cent bâtiments, dont 6 vaisseaux de ligne et 16 frégates. Le revenu de l'État est de 150,000,000 de francs.

LUCIE.

On doit toujours redouter en Hollande de nouvelles inondations, et cette crainte, justifiée par d'antérieures catastrophes, peut en quelque sorte jeter une certaine méfiance dans les achats et dans les ventes des biens.

LA GÉOGRAPHIE.

On soigne beaucoup mieux les digues aujourd'hui qu'on ne le faisait autrefois : aussi, les craintes n'étant plus les mêmes, les champs ont doublé de valeur.

LUCIE.

La Hollande passe pour le pays le plus propre de l'Europe. Or, comme tout effet suppose une cause, auriez-vous la bonté de me dire pourquoi ?

LA GÉOGRAPHIE.

Les maladies sont plus fréquentes et plus pernicieuses à la fois dans les pays bas et marécageux que sur les hauteurs et dans les plaines arides. Or, comme la malpropreté sur les personnes et sur tout ce qui sert à leurs usages, au lieu de purifier l'air, chargé d'insalubres miasmes, le vicie davantage , les habitants d'une contrée sont d'autant plus propres que l'atmosphère est moins pure.

L'EUROPE.

La *Belgique* est un petit royaume qui n'existe que depuis 1831. C'est la partie méridionale de l'ancien royaume des Pays-Bas. Elle est donc bornée, au nord, par ce dernier pays ; au midi, par la France ; à l'est, par quelques parties de la Hollande et par les États Prussiens, et à l'ouest, par la mer du Nord.

Ce pays a une superficie de 29,456 kilomètres carrés, et une population de 4,400,000 habitants.

Le sol est généralement plat ; cependant on remarque dans le sud-est les montagnes des Ardennes, qui sont presque partout revêtues de forêts.

En général, le terrain est très-fertile, agréablement varié par des prairies, des bois et de belles cultures de céréales, de lin, de houblon, de tabac, de garance. Les jardins sont nombreux, et les fleuves forment, comme en Hollande, un objet important de commerce. Il y a de riches mines de charbon de terre.

Au nord-est, on rencontre les landes de la *Campine.*

La Belgique se divise en neuf provinces: cinq sont dans le bassin de l'Escaut: la *Flandre occidentale,* la *Flandre orientale, Anvers,* le *Brabant méridional,* le *Hainaut;* quatre dans le bassin de la Meuse : *Namur,* le *Luxembourg-belge, Liége,* le *Limbourg-belge.*

Bruges (50,000 h.), chef-lieu de la Flandre occidentale où la peinture à l'huile fut inventée par Jean Van Eyck, dans le XVe siècle, et où Philippe-le-Bon institua l'ordre de la Toison-d'Or en 1430; *Ostende,* port célèbre; *Ypres* et *Courtrai,* villes industrieuses de 20,000 âmes, dans la même province; *Gand* (107,000 h.), très-grande et belle ville, au confluent de l'Escaut et de la Lys, chef-lieu de la Flandre orientale ; *Anvers* (95,000 h.) , place très-forte et très-commerçante, chef-lieu de la province du même nom, sur l'Escaut, qui forme un port magnifique; on y admire l'église de Notre-Dame; *Malines* (30,000 h.), jolie ville, sur la Dyle, avec de nombreuses fabriques de belles dentelles et une magnifique cathédrale.

Bruxelles (144,000 h.), chef-lieu du Brabant méridional et capitale du royaume, sur la Senne; *Laeken*, avec un magnifique château royal; *Louvain* (30,000 h.), célèbre par son université, sa bière et son admirable Hôtel-de-Ville; *Nivelles*, connue par ses anciens seigneurs, les princes de Nivelles; *Waterloo*, fameux par la grande bataille que s'y livrèrent les Français et les Alliés, le 18 juin 1815.

Mons (24,000 h.), chef-lieu du *Hainaut*; *Tournai* (30,000 h.), sur l'Escaut; *Jemmapes*, où les Français défirent les Autrichiens en 1792; *Fleurus*, célèbre par trois victoires que les Français remportèrent sur les Alliés en 1690, en 1794 et en 1815; Sénef, où les Français vainquirent les Hollandais en 1674; *Fontenoy*, où le maréchal de Saxe défit les Anglais et les Hollandais en 1745.

Namur (23,000 h.), ville forte, au confluent de la Meuse et de la Sambre, chef-lieu de la province du même nom; *Arlon* chef-lieu du Luxembourg belge; *Bouillon*, capitale d'un célèbre duché, dans la même province.

Liége (82,000 h.), au confluent de la Meuse et de l'Ourthe, importante par son grand commerce, son active industrie, surtout par ses fabriques d'armes, ses manufactures de glaces, de cristaux et de draps, et par ses exportations de houille; *Verviers* (24,000 h.), avec de florissantes fabriques de draps, et, dans le voisinage, les importantes mines de zinc de la Vieille-Montagne; *Spa*, avec des eaux minérales très-fréquentées.

Hasselt, chef-lieu du Limbourg-Belge.

Le gouvernement est une monarchie constitutionnelle; il y a deux Chambres élues par la nation : le Sénat et la Chambre des représentants. La religion catholique est la plus répandue; mais tous les autres cultes jouissent d'une entière liberté. Il y a un archevêché à *Malines*. L'enseignement y est entièrement libre. Les universités de Gand et de Liége sont des institutions de l'État; celles de Bruxelles et de Louvain sont des institutions libres.

Le français est la langue de la partie éclairée de la population. Le flamand et le wallon (qui est une sorte de patois français), se parlent dans la campagne : le premier, au nord-est; le second, au sud-est.

L'armée a des cadres et un armement disposés pour 80,000 hommes; mais l'effectif sous les armes n'est que de 30,000 hommes.

Le revenu de l'État se monte à environ 116,000,000 de francs.

LUCIE.

La Belgique me semble posséder les éléments de la véritable civilisation.

LA GÉOGRAPHIE.

Les Belges sont généralement très-bons catholiques, fort laborieux ; le terroir, fertile de sa nature ; l'industrie et le commerce, auxquels ils s'adonnent avec une sorte de passion, font de la nation belge un peuple moral et aisé.

CASIMIR.

On dit qu'ils aimeraient mieux appartenir à la France que de former un peuple à part.

LA GÉOGRAPHIE.

Si leurs lois, leur religion, leurs usages, leurs idées même, sont en tout semblables aux nôtres, le désir de leur union avec nous, qui a pu être violent et légitime, avant 1831, n'a plus de portée aujourd'hui qu'ils jouissent de la même liberté, sous une dynastie qu'ils se sont librement donnée.

CASIMIR.

Je comprends que la plupart doivent accepter ce parti, d'ailleurs très-raisonnable ; mais plusieurs ne manquent pas de faire encore des vœux pour l'union de leur pays avec la France.

LA GÉOGRAPHIE.

Dans une contrée libre, chacun peut écrire ses opinions, et penser comme il l'entend; l'important, c'est d'avoir, pour le gouvernement établi, la soumission et le respect que la loi commande.

L'EUROPE.

J'ai à vous parler à cette heure de la région la plus élevée de mes vastes domaines, c'est-à-dire de la *Suisse*.

Placée presque au centre de l'Europe, la *Suisse* se trouve entre la France, l'Allemagne et l'Italie. Le Jura et le Doubs la séparent de la première de ces contrées; le Rhin et le lac de Constance marquent la limite du côté de la seconde; les Alpes, le lac de Genève, le lac Majeur et celui de Lugano, forment la frontière vers l'Italie. La superficie de ce pays est de 40,900 kilomètres carrés, et sa population de 2,000,000 d'âmes.

La Suisse est célèbre par la variété de ses sites et de ses délicieux paysages. Tout le midi et le milieu sont hérissés de montagnes, que couvrent, en plusieurs lieux, des neiges éternelles et d'énormes glaciers; souvent, des avalanches, formées par des monceaux de neige qui se détachent des hauteurs, se précipitent au fond des vallées avec impétuosité.

La plus grande partie de la Suisse est impropre à la culture ; mais il y a , sur les flancs des montagnes , d'excellents pâturages où paissent d'innombrables troupeaux de vaches superbes, de bœufs , de moutons et de chèvres ; on y fait en plusieurs endroits des fromages renommés.

Le climat offre , dans ce pays, des variations infinies : un hiver perpétuel règne au sommet des Alpes ; mais on jouit, dans beaucoup de vallées, de la plus douce température, les figues, les amandes, les châtaignes, les olives, les raisins et le tabac, y étant cultivés avec succès.

Le plus grand volume des eaux de la Suisse descend dans la mer du Nord et dans la Méditerranée ; le golfe de Venise et la mer Noire en reçoivent la partie la moins considérable.

Les points les plus élevés des montagnes de cette contrée sont : à l'est , le *Splagen* et le *St-Bernard*, où passent des routes célèbres.

Au milieu, le *Saint-Gothard* (3,100 m.), où passe une autre route fort connue ; les monts de la *Fourche , Galenstok* et *Grimsel*, qui enveloppent les sources du Rhône ; à l'ouest, le *Finster-aar-Horn* et le *Pic de la Vierge* ou de la *Jung-frau*, qui ont environ 4,300 mètres ; dans le sud-ouest, le *Simplon* où les Français ont ouvert, en 1801, une route magnifique ; le *Mont-Rosa* (4,636 m.), où s'unissent les Alpes Lépontiennes et les Alpes Pennines, et qui est le plus haut point des montagnes suisses.

Le *Mont-Cervin* ou *Malter-Horn* (4,600 m.) ; le *Combin* ; le *Grand St-Bernard*, le plus célèbre de tous ces sommets, à cause de son hospice, qui se trouve à 2,490 mètres, et du passage des troupes françaises, en 1800.

Dans le Jura, on peut citer le *Mont-Tendre* et la *Dôle*, qui n'ont qu'un peu plus de 1,600 mètres.

La Suisse compte vingt-deux cantons confédérés : les *Grisons*, *Saint-Gall*, *Thurgovie*, *Schaffouse*, *Zurich*, *Argovie*, *Bâle*, *Appenzell*, *Glaris*, *Schwitz*, *Uri*, *Unterwalden*, *Zug*, *Lucerne*, *Soleure*, *Berne*, *Neuchatel*, le *Valais*, *Vaud* et *Genève*, le *Tésin*.

Trois de ces cantons se divisent, chacun, en deux républiques : c'est celui de *Bâle*, appelé *Bâle-Ville* et *Bâle-Campagne* ; celui d'*Appenzell*, appelé *Appenzell intérieur* et *Appenzell extérieur* ; *Unterwalden*, nommé *Obwalden* et *Nidwalden* ; le canton des *Grisons* forme trois États, la *Ligue grise*, la *Ligue caddée* et celle de la *Maison de Dieu*.

Coire, chef-lieu des Grisons.

Saint-Gall (11,000 h.), chef-lieu du canton du même nom, près du lac de Constance,

Frauenfeld, chef-lieu du canton de Thurgovie.

Schaffouse, chef-lieu du canton du même nom.

Zurich (17,000 h.), chef-lieu du canton, et l'une des trois capitales de la Conféderation.

Aarau, chef-lieu d'Argovie, sur l'Aar; *Baden*, dans le même canton, avec des eaux minérales célèbres.

Bâle (27,000 h.), chef-lieu du canton de Bâle-ville, sur le Rhin.

Liertal, chef-lieu du canton de Bâle-campagne.

Appenzell, chef-lieu de l'Appenzell intérieur.

Trogen et *Herisau*, chefs-lieux de l'Appenzell extérieur.

Glaris et *Schwitz*, chefs-lieux des cantons du même nom.

Altorf, chef-lieu du canton d'Uri.

Sarnen, chef-lieu de l'Obwald, dans l'Unterwalden; *Stantz*, chef-lieu du Niwald, dans le même canton.

Zug, chef-lieu du canton du même nom, sur le lac Zug.

Lucerne (10,000 h.), chef-lieu du canton du même nom, à l'endroit où la Reus sort du lac; une des trois capitales de la Suisse.

Soleure, chef-lieu du canton du même nom, sur l'Aar.

Berne (28,000 h.), sur l'Aar, la plus considérable des trois capitales de la Confédération, et chef-lieu du canton du même nom, qui est le plus important de la Suisse ; *Porentruy*, dans le même canton.

Fribourg (10,000 h.), chef-lieu du canton du même nom, sur la Sarine ; *Morat*, dans le même canton, sur le lac du même nom, célèbre par la grande victoire que les Suisses y remportèrent, en 1476, sur Charles-le-Téméraire ; *Gruyères*, dans le sud du canton, renommée par ses fromages.

Neuchâtel, chef-lieu du canton du même nom, sur le bord occidental du lac ; la *Chaux-de-Fonds* (13,000 h.), et *le Locle* (9,000 h.), célèbres par la fabrication et le commerce de l'horlogerie.

Sion, chef-lieu du Valais.

Lausanne (20,000 h.), chef-lieu du canton de Vaud ; *Granson*, célèbre par une victoire des Suisses sur les Bourguignons, en 1476.

Genève (30,000 h.), chef-lieu du canton, à l'endroit où le Rhône sort du lac du même nom, et vers la frontière commune de la Suisse, de la France et de l'Italie ; c'est la plus importante ville de la Confédération, avec des établissements scientifiques et littéraires, et des fabriques renommées de bijouterie et d'horlogerie.

Bellinzone, sur le Tésin ; *Locarno*, sur le

lac Majeur, et *Lugano*, sur le lac du même nom, tour à tour, pendant six ans, chefs-lieux du canton du Tésin.

Les vingt-deux Cantons Suisses forment en tout vingt-sept États ou républiques, puisque trois d'entre eux se divisent en deux, et les Grisons, en trois. Ces Cantons sont unis et confédérés pour le maintien de leur liberté, contre toute attaque de l'étranger, et pour la conservation de l'ordre et de la tranquillité dans l'intérieur. Les affaires relatives à l'intérêt général de la Confédération sont réglées par une Diète ou assemblée, composée des députés des États et qui se réunit, deux ans de suite, dans un des trois cantons directeurs de Zurich, de Berne et de Lucerne.

Pour leur administration intérieure, les États Suisses sont tout à fait indépendants les uns des autres : la constitution du plus grand nombre est démagogique; chez quelques-uns, elle est aristocratique ; chez d'autres, c'est un mélange d'aristocratie et de démocratie : le premier magistrat de l'une de ces petites républiques se nomme *Avoyer*, *Bourgmestre* ou *Landamman*.

Des deux millions d'habitants que renferme la Suisse, environ 900,000 appartiennent à l'Église Romaine ; le reste est protestant de la réforme de Calvin et de Zwingle. Il y a fort peu de Luthériens. Les cantons du centre et du sud sont catholiques ; dans les autres parties, les différents cultes sont librement professés.

Comme les Suisses sont, en général, d'origine allemande, française et italienne, il en résulte qu'ils n'ont pas une langue propre, parlant le français, l'allemand ou l'italien dans les cantons où domine l'élément de chacun de ces trois peuples.

L'instruction publique est florissante sur le territoire de la république Helvétique : il y a des universités à Zurich, à Berne et à Bâle, et des académies à Genève et à Lausanne.

Tout suisse est tenu au service militaire : le service est obligatoire depuis l'âge de vingt ans jusqu'à quarante-quatre. L'armée fédérale, formée des contingents des cantons, se compose : 1° de l'élite fédérale, pour laquelle chaque État fournit trois hommes sur cent âmes de la population suisse ; 2° de la réserve, qui est de la moitié de l'élite. L'armée fédérale compte environ 100,000 hommes ; mais il n'y a pas de troupes permanentes.

Les revenus de la Suisse s'élèvent à peu près à 10,000,000 de francs : on dépense à proportion.

LUCIE.

Nous voilà arrivés, enfin, à un des plus beaux

pays du monde, à celui que la divine Providence
semble protéger d'une manière toute particulière, à notre magnifique France.

CASIMIR.

C'est ici qu'il est nécessaire de se recueillir,
afin de ne pas perdre une syllabe de ce qui sera
exposé pour notre instruction.

LUCIE.

Je serai à l'endroit de la contrée que j'habite,
ce que j'ai constamment été au sujet de toutes
les autres : car les distractions que j'ai eues par
le passé, je puis les avoir encore, ma volonté
n'y ayant jamais été pour rien.

LA GÉOGRAPHIE.

C'est ainsi qu'il faut être pour pouvoir devenir véritablement instruit : sinon, on retire peu
de fruits des années consacrées à l'étude.

CASIMIR.

Je reconnais qu'avec un peu plus d'attention
de ma part, j'en saurais infiniment plus que je
n'en sais.

LA FRANCE.

Puisque ma Mère me permet de prendre la
parole à sa place, je ferai en sorte de vous dé-
dommager du plaisir que vous avez de l'entendre elle-même, par un exposé clair et agréable
de ma supériorité sur les autres nations.

CASIMIR.

Comme nous sommes vos bien-aimés enfants, vous serez écoutée avec l'attention et le respect convenables.

LA FRANCE.

Par ma position, j'affermis ou j'ébranle. Les peuples sont en paix ou en guerre, selon que l'un ou l'autre de ces deux états convient mieux à ma politique.

LUCIE.

C'est déjà un avantage assez grand, pour que l'on ait pour vous tous les égards imaginables.

LA FRANCE.

Charlemagne qui rétablit l'empire d'Occident, Louis XIV qui plaça le duc d'Anjou, son petit-fils, sur le trône d'Espagne, et le premier Napoléon, qui éleva à la dignité de rois deux de ses généraux et ses frères, prouvent ce que je puis par l'habileté, par la valeur et par le sang-froid de mes soldats.

CASIMIR.

Notre patrie porta-t-elle toujours le nom qu'elle a aujourd'hui?

LA GÉOGRAPHIE.

Elle s'appelait *Gaule*; mais après cinq cents ans de domination, les Romains furent chassés de leur conquête par des peuples venus du fond de la Germanie et appelés *Francs*, et qui la nommèrent France de leur nom.

LA FRANCE.

Mes limites sont : au levant, les Alpes, la Suisse et la Bavière Rhénane ; au couchant, l'Océan Atlantique et la mer Cantabrique ; au nord, la mer du Nord et le Pas-de-Calais ; au midi, les Pyrenées et le golfe du Lion. Ma superficie est de 527,690 kilomètres carrés, et ma population, de 36,000,000 d'habitants.

Quoique formés, dans l'origine, d'éléments assez divers, celtique, romain, germanique, normand, mes peuples sont aujourd'hui la nation la plus homogène de l'Europe.

Outre le français, ils parlent néanmoins quelques autres langues sur differents points : l'allemand, en Alsace et dans une partie de la Lorraine ; le flamand, dans une partie de la Flandre et de l'Artois ; le bas-breton, reste de la langue celtique, dans l'ouest de la Bretagne ; le basque, dans les Pyrénées, et l'italien, en Corse.

Le gouvernement de la France est un empire. L'Empereur gouverne avec le concours : 1º d'un Sénat, composé de membres choisis par lui ; 2º d'un Corps législatif, dont les membres sont élus par la nation ; 3º d'un Conseil d'État, dont les membres sont nommés par l'Empereur, et qui est chargé de juger les conflits de toutes les administrations publiques, et de préparer les projets de loi d'intérêt général. Sous la direction immédiate de l'Empereur, sont dix ministères, chargés de toutes les diverses branches de l'administration : 1° le ministère d'État et de la Maison de l'Empereur ; 2° le ministère de l'intérieur, de l'agriculture et du commerce ; 3° le ministère de la guerre ; 4° le ministère de la justice ; 5° le ministère de l'instruction publique et des cultes ; 6° le ministère des travaux publics ; 7° le ministère des affaires étrangères ; 8° le ministère de la marine et des colonies ; 9° le ministère des finances ; 10° le ministère de la police générale.

Chaque *département* est administré civilement, sous la direction du ministre de l'intérieur, par un préfet, assisté d'un conseil de préfecture ; les arrondissements le sont par des sous-préfets, excepté ceux qui ont pour chefs-lieux le chef-lieu même du département et qui sont administrés directement par le préfet. Chaque département comprend un certain nombre de divisions, partie judiciaire, partie civile, nommées *cantons*, à la tête desquelles sont des juges de paix ; chaque canton comprend plusieurs *communes*, dont chacune est dirigée par un maire. Il y a 86 départements, 363 arrondissements, 2,847 cantons et 36,835 communes.

Les communes ont pour chef-lieu, soit une ville, soit un bourg, soit un village; les petits groupes d'habitations qui dépendent d'un chef-lieu de commune, sont des *hameaux*.

Sous le rapport militaire, je suis partagée en 21 divisions, qui embrassent 85 sous-divisions. Ces divisions sont : Paris, Rouen, Lille, Chalons-sur-Marne, Metz, Strasbourg, Besançon, Lyon, Marseille, Montpellier, Perpignan, Toulouse, Bayonne, Bordeaux, Nantes, Rennes, Bastia, Tours, Bourges, Clermont-Ferrand, Limoges.

La justice est rendue, dans chaque canton, par des juges de paix; au-dessus, sont les tribunaux de *première instance*, aussi nombreux que les arrondissements : ces tribunaux ressortissent à des *cours impériales*, au nombre de vingt-sept, établies à Agen, Aix, Amiens, Angers, Bourges, Bastia, Besançon, Bordeaux; Caen, Colmar, Dijon, Douai, Grenoble, Limoges, Lyon, Metz, Montpellier, Nancy, Nîmes, Orléans, Paris, Pau, Poitiers, Rennes, Riom, Rouen, Toulouse. Au-dessus de ces cours, est celle de *cassation*, qui prononce sur les demandes en cassation contre les arrêts et jugements en dernier ressort des cours et des tribunaux.

L'immense majorité des Français est catholique. Ce culte comprend quatre-vingt-deux diocèses, y compris celui d'Alger, dont quinze *archevêchés* et soixante-sept *évêchés*.

A chaque diocèse est attaché un grand Séminaire pour l'instruction du clergé. Chaque canton forme le ressort d'une *cure*, dans laquelle est établi un certain nombre de *succursales*.

Les Luthériens, assez nombreux, surtout à l'est, dans les départements formés de l'Alsace et de la Franche-Comté, ont un *Consistoire général* à Strasbourg, une faculté de théologie dans la même ville, et six inspections d'églises consistoriales dans les départements du Bas-Rhin, du Haut-Rhin et du Doubs.

Les Calvinistes sont principalement répandus dans le midi et dans quelques parties de l'ouest et de l'est : le Gard, l'Ardèche, la Drôme, la Lozère, le Tarn-et-Garonne, les Deux-Sèvres, en contiennent un assez grand nombre ; ils ont dans soixante départements des églises consistoriales, et une faculté de théologie à Montauban.

Les Israélites ont un consistoire central à Paris et des synagogues consistoriales à Paris, Strasbourg, Colmar, Metz, Nancy, Bordeaux et Marseille.

L'instruction publique est réglée par un conseil supérieur, qui a remplacé l'ancien conseil de l'université ; il y a plusieurs académies universitaires, à la tête desquelles sont des recteurs, ayant la surveillance des cours publics, des lycées, des colléges communaux, des institutions, des pensions et généralement de tous les établissements scientifiques.

Il y a trois sortes d'enseignements : l'enseignement supérieur, l'enseignement secondaire et les écoles primaires.

On compte six facultés de théologie, neuf facultés de droit, trois de médecine, onze de sciences et de lettres.

Les lycées, les colléges communaux, les écoles secondaires ecclésiastiques et un grand nombre d'institutions libres donnent l'enseignement secondaire.

L'enseignement primaire est donné par une multitude d'écoles entretenues par les communes et par beaucoup d'écoles particulières.

J'entretiens à Athènes une école ou l'archéologie et la littérature grecque sont brillamment cultivées.

En dehors de l'université, mais toujours sous la direction du ministre de l'instruction publique, sont placés divers établissements très-importants d'enseignement supérieur : le Collége de France, le Muséum d'histoire naturelle de

Paris, le Bureau des Longitudes, l'Observatoire de Paris, celui de Marseille et de quelques autres villes, le Cours d'Astronomie de l'Observatoire de Paris, l'École des Chartes, divers cours à la Bibliothèque Impériale.

A la tête des sociétés savantes chargées de maintenir la pureté de la langue, de recueillir les découvertes, de perfectionner les arts et les sciences, se trouve l'Institut de France, qui se divise en cinq académies : l'Académie Française, l'Académie des Inscriptions et belles-lettres, l'Académie des sciences, l'Académie des beaux-arts et l'Académie des sciences morales et politiques.

L'Académie de Médecine est instituée pour répondre aux demandes du gouvernement sur tout ce qui intéresse la santé publique.

L'enseignement des beaux-arts est placé sous la direction du ministre de l'intérieur : ses principaux établissements sont l'École des beaux-arts, pour la peinture, la sculpture et l'architecture, et le Conservatoire de musique et de déclamation.

L'enseignement industriel, dépendant du même ministre, comprend le Conservatoire des arts-et-métiers et les Écoles des arts-et-métiers de Chalons-sur-Saône, d'Angers et d'Aix.

Du ministre de la guerre dépendent l'École

polytechnique, l'École militaire de Saint-Cyr et le Collége militaire de la Flèche ; du ministre de la marine, l'École navale de Brest ; du ministre des finances, l'École forestière de Nancy ; du ministre des travaux publics, l'École des ponts-et-chaussées, l'École des mines et l'École des mineurs de Saint-Étienne.

Cherbourg, Brest, Lorient, Rochefort, Toulon, sont les chefs-lieux de cinq préfectures maritimes.

L'agriculture est aussi florissante en France qu'en aucune autre partie du monde : le nord est plus particulièrement riche en céréales, et le midi en vignobles et en fruits.

Je me divise en cinq zones agricoles : la première au nord, est celle où la vigne ne réussit pas ; la seconde produit du vin, mais n'a pas encore de maïs cultivé en grand ; la troisième, où le maïs croît en même temps que la vigne, mais où l'olivier ne se montre pas encore ; la quatrième, propre à la fois à l'olivier, au maïs et à la vigne, mais où l'on ne cultive point l'oranger ; la cinquième et dernière, où mûrissent tout ensemble le raisin, le maïs, les olives et les oranges.

Les vins les plus renommés sont ceux de la Champagne, de la Bourgogne, du Lyonnais, du Dauphiné, de la Provence, du Languedoc, du

Bordelais. Les vins les plus propres à faire de l'eau-de-vie se récoltent dans le bassin de la Charente, et vers le Gers et l'Hérault. Les plaines les plus riches en blé sont celles de la Flandre, de l'Artois, de la Picardie, de la Brie, de la Beauce, de la Champagne, du Berri, de la Touraine, de la Limagne, dans le nord et dans le centre ; celles de la Bresse, de l'Alsace, de la Lorraine, à l'est et au nord-est ; celles du Languedoc, de la Guienne, de la Gascogne, au sud ; enfin, celles de la Charente, du Poitou, de la Haute-Bretagne, de l'Anjou, dans l'ouest.

Les meilleurs bœufs et les meilleurs chevaux sont élevés dans les pâturages de Normandie, du Charollais, de la Bretagne, de l'Auvergne, du Limousin, du Jura, des Vosges, des Cévennes, de la Camargue et du bassin de la Garonne.

L'industrie de mon peuple est principalement agricole : cependant l'industrie manufacturière a fait aussi de grands progrès depuis un demi-siècle. On peut mentionner parmi les ouvrages où elle excelle, les soieries, surtout celles de Lyon ; les cachemires ; les draps de Sédan, de Louviers, d'Elbeuf ; les basins, les batistes, les gazes de St-Quentin ; les tulles, les dentelles, les blondes, les diverses toiles de lin, de chanvre et de coton ; les toiles peintes de Mulhouse et autres villes ; la typographie, la gravure, la lithographie, la photographie, le papier, l'horlogerie de précision, les produits chimiques, les teintures, la cristallerie, la porcelaine, l'orfèvrerie et la bijouterie, l'ébénisterie de Paris ; la mégisserie, les bronzes ; les armes de St-Étienne ; les instruments de musique ; les savons, les sucres raffinés, les liqueurs. Les fabriques d'acier, de coutellerie, de quincaillerie, d'ouvrages divers en fer, en cuivre et en autres métaux, ont acquis une grande amélioration.

Le commerce de la France prend, d'année en année, un développement plus considérable. Sa valeur totale était, dans la période de 1825 à 1830, d'un milliard 200 millions de francs ; elle est aujourd'hui de trois milliards, dont deux milliards pour l'exportation, et plus d'un milliard pour l'importation. Sur ces valeurs, environ 900 millions reviennent au transport par terre, et le reste au transport par mer.

Les principaux articles d'exportation sont les vins, la garance, l'eau-de-vie, l'huile, le vinaigre, les fruits, les œufs, le savon, le sel, les étoffes de soie et de laine, la bonneterie, la tapisserie, les toiles de lin, de chanvre et de coton, les dentelles, le papier, les caractères d'imprimerie, les livres, l'horlogerie, la bijouterie, l'ébénisterie, les objets de modes.

Les importations se composent principalement de métaux, de houilles, de bois de construction, de chevaux, de moutons, de gros bétail, d'huiles pour fabriques, d'indigo, de laines, de soies gréges, de peaux, de fourrures, de sucre, de café.

LUCIE.

Que signifient les termes *exportation* et *importation* ?

LA GÉOGRAPHIE.

Exportation, c'est ce qui sort du royaume, et *importation*, ce qui y entre.

LA FRANCE.

Le revenu de l'État s'élève à environ 1,500,000,000 de francs : les dépenses offrent à peu près le même chiffre. Mais les travaux extraordinaires et diverses autres causes font dépasser aux dépenses totales la somme des recettes, et contribuent à former ce qu'on appelle le *déficit*, ou le découvert du budjet. Ce découvert a obligé l'État à des emprunts, et ces emprunts ont augmenté peu à peu la dette publique, se montant à cette heure à plus de 6,000,000,000.

L'armée de terre se forme par voie d'engagements volontaires et par voie de recrutement. Tous les Français qui ont atteint l'âge de vingt ans, sont appelés au service militaire, mais le sort n'en désigne qu'un certain nombre pour composer le contingent fixé chaque année par une loi ; le contingent est réparti entre les armes de l'infanterie, de la cavalerie, de l'artillerie, du génie, les corps des équipages militaires et les ouvriers d'administration.

La durée du service est de sept ans.

La gendarmerie se recrute dans l'infanterie, dans la cavalerie, l'artillerie et le génie.

L'effectif de l'armée varie selon les éventualités de paix ou de guerre.

L'armée navale se compose d'environ 30,000 marins.

La marine de l'État compte 363 bâtiments, savoir : 201 bâtiments à voiles, à flot ; 104 bâtiments à vapeur, à flot ; 5 bâtiments mixtes, à flot ; 46 bâtiments à voiles, en construction ; 7 bâtiments à vapeur, en construction.

LUCIE.

Voilà bien des récits sur l'organisation et la puissance de notre pays, sans pourtant que nous le connaissions encore.

LA GÉOGRAPHIE.

On commencerait de suite l'exposition de ce

qui concerne les anciennes provinces, les départements, les principales villes, et ce qu'elles rap-
pellent de plus glorieux et de plus remarquable,
si la leçon ne durait pas depuis trop longtemps.

LUCIE.

Ce terme trop longtemps sonne d'autant plus
mal à mes oreilles, qu'elle me semble commencer à peine.

CASIMIR.

Il paraît que vous ne languissez pas ici : pour
moi, je désire que nous ayons bientôt fini pour
avoir le plaisir de me rendre au sein de ma
famille.

LUCIE.

Lorsque nous sommes avec la demoiselle à
qui nos parents nous ont confiés, c'est tout
comme si nous étions avec eux-mêmes.

CASIMIR.

Mais le dîner ne se prépare point ici pour
nous, de même que dans la maison paternelle.

LUCIE.

Si ce n'est pas le corps, c'est l'âme, la plus
noble portion de notre être, qui trouve ici sa
nourriture.

LA GÉOGRAPHIE.

Lucie y voit mieux que Casimir. A demain.

TROISIÈME ACTE.

PREMIÈRE SCÈNE.

LA GÉOGRAPHIE, LA FRANCE, CASIMIR,
LUCIE.

LA GÉOGRAPHIE.

En combien de provinces notre pays était-il
divisé avant 89 ?

CASIMIR.

En trente-deux, l'*État d'Avignon* et la *Corse* non compris d'un côté, et de l'autre, la *Picardie*, l'*Artois*, la *Saintonge*, l'*Angoumois*,
la *Guienne* et la *Gascogne*, ne formant que
trois gouvernements militaires : ceux de *Picardie et Artois*, de *Saintonge et Angoumois*, de
Guienne et de Gascogne.

LA GÉOGRAPHIE.

Pourriez-vous nous les nommer ?

CASIMIR.

Il y en avait six à l'orient : 1° l'ALSACE : villes
principales, *Strasbourg*, *Colmar* ; 2° la LOR-
RAINE, *Nancy*, *Metz* ; 3° la FRANCHE-COMTÉ,

— 246 —

Besançon ; 4° la BOURGOGNE , *Dijon* ; 5° le
LYONNAIS , *Lyon* ; 6° le DAUPHINÉ , *Grenoble.*

Cinq au midi : 1° la PROVENCE , *Aix* , *Arles ,
Marseille* , *Toulon* ; 2° le LANGUEDOC, *Toulou-
se* , *Montpellier* , *Nîmes* ; 3° le ROUSSILLON ,
Perpignan ; 4° le COMTÉ DE FOIX , *Foix* ; 5° le
BÉARN , *Pau.*

Cinq à l'occident : 1° la GUIENNE ET LA GAS-
COGNE , *Bordeaux* , *Bayonne ;* 2° la SAINTONGE
ET L'ANGOUMOIS, *Saintes* ; 3° l'AUNIS , *La Ro-
chelle* ; 4° le POITOU , *Poitiers* ; 5° la BRETA-
GNE , *Rennes* , *Nantes* , *Brest.*

Trois au nord : 1° la NORMANDIE, *Rouen, Caen,
Le Havre* ; 2° la PICARDIE ET L'ARTOIS , *Amiens,
Abbeville* , *Arras* ; 3° la FLANDRE FRANÇAISE ,
Lille , *Dunkerque.*

Douze au milieu : 1° la CHAMPAGNE, *Troyes,
Reims* , *Sens* ; 2° le NIVERNAIS , *Nevers ;* 3° le
BOURBONNAIS, *Moulins* ; 4° l'AUVERGNE , *Cler-
mont* ; 5° le LIMOUSIN, *Limoges* ; 6° la MARCHE,
Guéret ; 7° le BERRI , *Bourges* ; 8° la TOURAINE,
Tours ; 9° l'ANJOU , *Angers* ; 10° le MAINE , *le
Mans* ; 11° l'ORLÉANAIS , *Orléans* ; 12° l'ILE DE
FRANCE , *Paris.*

LA GÉOGRAPHIE.

Comment a-t-on divisé le territoire Français,
lors de notre première révolution ?

LUCIE.

On l'a divisé en 86 départements, y compris l'île de Corse et le Comtat d'Avignon.

LA GÉOGRAPHIE.

Quels noms leur a-t-on donnés ?

LUCIE.

On a choisi dans chaque contrée ce qu'il y a de plus remarquable pour leur en donner le nom. Ici, c'est une source célèbre, *Vaucluse ;* là, une chaîne de rochers, *Calvados ;* ailleurs, un fleuve, le *Rhône* ; tantôt, la position, *Nord*, *Finistère* ; tantôt, une montagne, *Hautes-Alpes* ; tantôt, une colline, *Côte-d'Or* ; tantôt, une plaine stérile, les *Landes ;* une autrefois, le confluent de deux rivières, ou une rivière seulement, *Tarn-et-Garonne*, *Charente.*

LA GÉOGRAPHIE.

Citez-moi les 86 départements, leurs chefs-lieux et les autres principales localités qu'ils renferment.

LUCIE.

Le département du *Haut-Rhin* (494,000 h.): chef-lieu, *Colmar* (21,000 h.), draps et toiles peintes ; *Belfort*, place très-forte; *Mulhouse* (28,000 h.), toiles peintes ; *Thann*, ville très-industrieuse ; *Sainte-Marie-aux-Mines* , mines de plomb , de cuivre et d'argent.

Le département du *Bas-Rhin* (587,000 h.) : chef-lieu , *Strasbourg*, place très-forte , belle cathédrale , invention de l'imprimerie (65,000 h.); *Wissembourg*, place forte ; *Saverne*, château célèbre où l'on a fondé un asile pour les veuves des fonctionnaires de l'État ; *Barr*, entourée de beaux vignobles ; *Molsheim*, manufacture d'armes blanches.

Département des *Vosges* (127,000 h.) : chef-lieu , *Épinal* (10,000 h.) ; *Mirecourt*, fabriques d'instruments de musique et de dentelles ; *Donremy*, patrie de Jeanne d'Arc ; *Plombières* , eaux minérales.

Département de la *Meurthe* (450,000 h.): chef-lieu , *Nancy* (45,000 h.); très-belle ville ; place Stanislas ; broderies et tapisseries renommées ; *Lunéville* (16,000 h.); château des anciens ducs de Lorraine ; traité de paix de 1801 ; fabrique de faïence ; *Toul*, place forte ; *Baccarat*, manufactures de cristaux ; *St-Quirin* et *Cirey*, villages, avec une célèbre manufacture de glaces.

Le département de la *Moselle* (460,000 h.) : chef-lieu , *Metz* (57,000 h.) , place très-forte , sur la même rivière ; siége brillant soutenu par François de Guise , contre Charles-Quint , en 1522 ; école d'application de l'artillerie et du génie ; arsenal très-important ; *Thionville*, jolie ville et place forte ; belles défenses en 1792 et 1814 ; *Sarreguemines*, fabriques de fayence.

Ces cinq départements appartiennent au bassin du Rhin. Voici les deux du bassin de la Meuse :

Le département de la *Meuse* (329,000 h.) : chef-lieu, *Bar-le-Duc* (14,000 h.).; *Varennes-en-Argonne*, arrestation de Louis XVI, en 1790 ; *Vaucouleurs*, souvenir de Jeanne d'Arc ; *Ligny*, combat de 1814, et rencontre des souverains de Russie, d'Autriche et de Prusse, en 1815.

Le département des *Ardennes* (331,000 h.) : chef-lieu, *Mezières*, petite ville, mais place très-forte, brillamment défendue par Bayard contre l'armée de Charles-Quint, en 1521 ; belle résistance contre les Alliés en 1815 ; *Sédan* (17,000 h.), place forte et fabriques de beaux draps ; *Rocroi*, place forte ; victoire de Condé sur les Espagnols en 1643 ; *Rethel*, victoire de Turenne sur les Frondeurs, en 1650 ; *Grand-Pré*, où Dumouriez arrêta les Prussiens en 1793.

Le bassin de l'*Escaut* contient les deux départements suivants :

Le département du *Nord* (1,158,000 h.) : chef-lieu, *Lille*, place très-forte, sur la *Deule* ; fabriques de dentelles, de velours et de toiles ;

belle citadelle, élevée par Vauban ; plusieurs siéges brillamment soutenus, particulièrement en 1708 et 1792 ; population 76,000 h.

Dunkerque (19,000 h.) , place forte et port de mer ; prise par Turenne sur les Espagnols en 1658 ; *Douai* (16,000 h.), place forte, fabriques de toiles ; fonderie de canons , arsenal ; école d'artillerie ; *Cambrai* (15,000 h.), fabriques de toiles ; traité de 1529 ; belle défense de 1793 ; *Valenciennes* (18,000 h.), place forte ; fabriques de dentelles et de toiles ; mines de charbon de terre ; défense héroïque de 1793 ; *Cassel*, trois batailles livrées par trois Philippe de France ; *Saint-Amand*, eaux minérales ; *Maubeuge*, place forte ; manufacture d'armes ; *Denain*, victoire de Villars en 1712, et riches mines de houille ; *Bouvines*, victoire de Philippe-Auguste en 1214 ; *Anzin*, houillères importantes ; le *Château-Cambresis*, ville manufacturière ; traité de 1559 , entre la France et l'Espagne ; *Malplaquet* , victoire de Marlboroug et du prince Eugène, en 1705.

Département du *Pas-de-Calais* (693,000 h.) : chef-lieu , *Arras* (22,000 h.), belle ville, place forte, fabriques de batistes ; *St-Omer* (19000 h.), place forte et fabriques de drap ; *Boulogne-sur-Mer* (30,000 h.), port très-fréquenté et place forte ; belle colonne qui rappelle le camp de

Napoléon et la flotille rassemblée contre l'Angleterre en 1804 ; *Saint-Pol*, brûlée par Charles-Quint en 1553 ; *Calais* (10,000 h.), place forte prise par les Anglais en 1347 et reprise sur eux par François de Guise, en 1558. *Ardres*, entrevue du camp du *drap d'or*, entre François Ier et Henri VIII, en 1520 ; *Azincourt*, victoire d'Henri V, d'Angleterre, en 1415 ; *Lens*, victoire de Condé, en 1648 ; *Guinegate*, bataille de 1479, entre Maximilien et Louis XI, et Journée des *Éperons*.

Le bassin de la Somme ne comprend que le département de la Somme (570,000 h.) : chef-lieu, *Amiens* (44,000 h.), belle cathédrale ; fabriques de velours, de tapis et de casimirs ; citadelle ; traité de 1802, entre la France et l'Angleterre ; *Abbeville* (19,000 h.), fabriques de draps, de moquettes et de toiles ; *Péronne*, place très-forte, sur la Somme, vainement assiégée plusieurs fois par le Espagnols ; captivité de Charles-le-Simple et de Louis XI ; traités de Louis XI avec Charles-le-Téméraire, et de Henri III avec Henri de Guise ; *Doullens*, place très-forte ; *Ham*, château-fort, qui a été le lieu de captivité de plusieurs personnages célèbres.

Voici les six départements du bassin de la Seine :

Le département de l'*Aube* : chef-lieu ; *Troyes*

(26,000 h.) , fabriques de toiles et de bonneterie ; papeterie ; belle cathédrale ; traité de 1420, entre Henri V, roi d'Angleterre, et Charles VI ; *Bar-sur-Seine*, ruinée par les Anglais dans la guerre de cent ans ; *Brienne-le-Château*, ancienne école militaire où Bonaparte fut élevé ; bataille livrée par cet empereur en 1814 ; *Clairvaux*, ancienne abbaye, dont Saint Bernard fut le premier abbé, et qui a été transformée en une maison de détention.

Le département de *Seine-et-Marne* (332,260 h.) : chef-lieu, *Melun. Meaux*, belle cathédrale gothique ; *Coulommiers*, ville agréable et industrieuse ; *Provins*, commerce de grains et de roses ; antiquités ; eaux minérales ; *Fontainebleau*, jolie ville ; château et magnifique forêt ; *La Ferté-sous-Jouarre*, carrières de pierres meulières.

Le département de la *Seine* (1,422,000 h.) : chef-lieu, *Paris*, capitale de la France, (1,053,000 h.); première ville de l'Europe par la culture des lettres, des sciences et des arts, et par le nombre et la variété des monuments publics. Ses principaux palais sont les Tuileries, le Louvre, le Palais-Royal, l'Élysée, la Bourse, le Palais du Luxembourg, le Palais du Corps législatif, le Palais de Justice. Les principales églises : Notre-Dame, Ste-Geneviève et Saint-Eustache, la Madeleine, St-Sulpice, St-Roch,

St-Germain-l'Auxerrois. Les principaux hospices et hôpitaux : l'hôpital Saint-Louis, l'Hôtel-Dieu, l'hospice des Quinze-vingts, la Salpétrière, l'hôpital militaire du Val-de-Grâce, avec l'école de chirurgie et de pharmacie militaires ; *St-Denis* (16,000 h.) , belle église de l'ancienne abbaye avec les tombeaux des rois ; *Sceaux*, manufacture de faïence ; marché aux bestiaux ; *Vincennes*, beau bois, château fort ; *Charenton*, maison d'aliénés ; *Alfort*, école vétérinaire.

Le département de *Seine-et-Oise* (472,000 h.) : chef-lieu, *Versailles* (35,000 h.), belle ville, sur un plateau ; grand et admirable château bâti par Louis XIV, avec un précieux musée historique ; jardin et parc superbes, avec les châteaux du grand et du petit Trianon. *Pontoise*, commerce de blé ; *Rambouillet*, château et forêt ; *Étampes*, commerce de blé et de farine ; *St-Cloud*, joli château et parc.

Le département de l'*Eure* (416,000 h.) : chef-lieu, *Évreux* (10,300 h.); belle cathédrale ; *Louviers*, fabriques de beaux draps, *Pont-Audemer*, tanneries renommées ; *Bernay*, grand commerce de chevaux ; *Les Andelys*, patrie du peintre Nicolas Poussin; *Gisors*.

Le département de la *Seine-Inférieure* (702,000 h.) : chef-lieu, *Rouen*, dans une belle situation, en amphithéâtre sur la Seine ; port très-fréquenté ; église St-Ouen , palais de justice , place où Jeanne d'Arc fut brûlée ; teintureries , toiles de coton nommées rouenneries, fayence ; *Le Havre* (40,000 h.), port de mer et place forte, à l'embouchure de la Seine. C'est le port de Paris, et la place de commerce la plus importante que la France ait sur l'océan ; beaux bassins pour les navires ; *Dieppe*, port de mer ; fabriques de dentelles et de jolis ouvrages en ivoire.

Eu , château et parc ; *Le Tréport*, port de mer ; *Elbeuf* (18,000 h.) , fabriques de draps ; *Forges*, eaux minérales.

Les bassins de la Marne et de l'Oise, affluents de droite de la Seine, comprennent les quatre départements suivants :

Le département de la *Haute-Marne* (268,000 hab.) : chef-lieu , *Chaumont* , jolie ville , ganterie estimée ; traité signé entre les Alliés en 1814 ; *Langres* , place de guerre ; coutellerie renommée ; *Vassy*, massacre des protestants en 1562 ; *Joinville-sur-la-Marne*, château célèbre ; *Andelot*, célèbre congrès en 587, entre plusieurs rois francs et leurs leudes.

Le département de la *Marne* (373,000 h.): chef-lieu , *Châlons-sur-Marne* (14,000 h.) ; *Reims* (43,000 h.), belle cathédrale où l'on sacrait les rois de France ; curieuse église de St-Rémi ; fabriques d'étamines et de casimirs ; biscuits ; commerce de vins de Champagne ; *Vitry-le-Français*, place fortifiée, brûlée par Louis VII en 1144, et par Charles-Quint en 1544, et rebâtie par François Ier dont elle porte le nom ; *Montmirail*, carrières de pierres meulières ; victoire de Napoléon en 1814 ; *Valmy*, victoire des Français sur les Prussiens en 1792 ; *Champ-Aubert*; victoire de Napoléon sur les Alliés en 1814.

Le département de l'*Aisne* (559,000 h.) : chef-lieu, *Laon* (10,000 h.) ; ville fortifiée, sur une montagne ; commerce de grains ; séjour des derniers rois carlovingiens ; *Saint-Quentin* (25,000 h.), fabriques de basins, de gazes, de mousselines et de batistes ; bataille de 1557, gagnée par les Espagnols sur les Français ; *Vervins*, traité de 1598, entre Henri IV et Philippe II ; *Soissons*, commerce de blé et de légumes estimés ; ancienne capitale d'un royaume du même nom ; victoire de Clovis en 486, et de Hugues-le-Grand sur Charles-le-Simple, en 922 ; *Château-Thierry*, patrie de La Fontaine; *Guise*, place forte et ancienne capitale d'un duché célèbre ; *La Fère*, autre place forte ; école d'artillerie et arsenal militaire ; belle défense en 1815 ; *La Ferté-Milon*, patrie de Racine.

15.

Le département de l'*Oise* (404,000 h.) : chef-lieu, *Beauvais* (13,000 h.), belle cathédrale ; manufacture de tapis ; défense courageuse de Jeanne Hachette contre les Bourguignons, en 1472 ; *Compiègne* (11,000 h.), château, forêt, bel hôtel-de-ville ; *Senlis*, très-ancienne ville ; commerce de grains ; *Chantilly*, commerce de dentelles et de blondes ; porcelaines ; château, en partie démoli, des anciens princes de Condé ; belle forêt ; *Noyon*, patrie de Calvin ; *Crépy-en-Valois*, paix de 1544, entre François premier et Charles-Quint ; *Creil*, fabriques de porcelaine et de faïence.

Les bassins de l'Yonne et de l'Eure, affluents de gauche de la Seine, forment les deux départements ci-après :

Département de l'*Yonne* (381,000 h.) : chef-lieu, *Auxerre* (12,000 h.), commerce de vins ; *Sens* (11,000 h.), ville très-ancienne ; belle cathédrale ; *Joigny*, vins renommés ; *Tonnerre*, excellents vins ; *Chablis*, vins blancs renommés ; *Arcy*, grottes célèbres ; *Vézelay*, ancienne abbaye ; St Bernard y prêcha la deuxième croisade, en 1146 ; *Fontenay*, bataille de 841, entre les fils de Louis-le-Débonnaire.

Département d'*Eure-et-Loir* (395,000 h.) : chef-lieu, *Chartres* (16,000), belle cathédrale ; commerce de grains ; *Dreux*, bataille de 1562, entre les catholiques et les protestants ; *Maintenon*, beau château donné par Louis XIV à la dame de ce nom.

Bassins de l'Orne, de la Toucques, de la Dive, de la Vire, de la Sée, de la Sélune, de la Rance, du Gouet :

Département de l'*Orne* (440,000 h.) : chef-lieu, *Alençon* (13,000 h.) ; fabriques de dentelles nommées points d'Alençon ; *Argentan*, fabriques de dentelles ; *Domfront* ; *Mortagne*, fabriques de toiles ; *Laigle*, grandes fabriques d'épingles et d'aiguilles ; *Séez*, belle cathédrale.

Département du *Calvados* (490,000 h.) : chef-lieu, *Caen* (45,000 h.) ; ville industrieuse et commerçante sur l'Orne ; *Lisieux* (12,000 h.) ; lainages et toiles ; *Falaise*, teintureries, bonneterie ; foires du faubourg de Guibray ; *Honfleur*, port sur la Seine, presque en face du Havre ; *Isigny*, beurre et cidre renommés.

Département de la *Manche* (601,000 h.) : chef-lieu, *Saint-Lô*, belle cathédrale ; *Cherbourg* (28,000 h.), la ville la plus importante du département, avec un port militaire et un port de commerce séparés, et une vaste rade qui peut contenir 400 vaisseaux ; *Coutances*, ville très-ancienne ; belle cathédrale ; *Avranches*, fabriques de bougies et de toiles, salines ; *Granville*, port de mer et place forte ; *Mont-Saint-*

Michel, village et château fort, tour à tour environnés par la mer et par une plaine de sable, selon que la marée est haute ou basse ; *Saint-Vaast-de-la-Hougue*, port fortifié et assez commerçant, sur la belle rade de la Hougue ou la Hogue, qui est protégée par le fort du même nom et par l'île fortifiée de Tatihou, et à côté de laquelle s'avance le cap de la Hogue, célèbre par la bataille navale de 1692.

Département des *Côtes-du-Nord* (623,000 h.) : chef-lieu, *St-Brieuc* (10,000 h.) ; fabriques de papier ; *Dinan*, commerçante et industrieuse ; *Guingamp*, belle église ; commerce de fil ; *Loudéac*, fabriques de toiles ; *Lamballe*, ancien chef-lieu du duché de Penthièvre ; *Tréguier*, très-commerçante, avec un vaste et beau port, sur une rivière du même nom.

Département du *Finistère* (618,000 h.) : chef-lieu, *Quimper-Corentin* (10,000 h.), avec un port, à peu de distance de la mer ; *Brest* (61,000 h.), importante place forte et port militaire ; le plus beau et le plus sûr de l'Europe ; bel arsenal de marine ; chantiers de construction ; fonderie d'artillerie ; rade immense qui s'étend au sud de la ville ; *Morlaix* (11,000 h.) vers la Manche ; le *Huelgoat* et *Poullaouen*, importantes mines de plomb.

Ce département et les deux suivants appartiennent au versant de l'Atlantique proprement dit et du golfe de Gascogne. Ils sont formés des bassins de l'Élorn, de l'Aulne, de l'Odet, de l'Ellé, du Blavet et de la Vilaine.

Département du *Morbihan* (478,000 h.) : chef-lieu, *Vannes* (11,000 h.), port de mer ; commerce de blé et de sardines ; *Lorient* (21,000 h.), place forte, port militaire célèbre, au confluent du Scorff et du Blavet, à 4 kilomètres de la mer ; *Pontivy*, ancien chef-lieu du duché de Rohan.

Département d'*Ille-et-Vilaine* (575,000 h.) : chef-lieu, *Rennes* (40,000 h.), blanchisserie de cire ; commerce de toile et de beurre ; *Saint-Malo*, port de mer et place très-forte sur l'île d'Aron ; *Saint-Servan* (10,000 h.), avec un port de commerce et un port militaire, sur la Rance ; *Cancale*, huîtres très-renommées ; *Dol*, port et autrefois place très-forte.

Bassin de la Loire. Départements que ce fleuve traverse :

Département de la *Haute-Loire* (305,000 h.) : chef-lieu, *Le Puy* (14,000 h.), sur le mont Corneille, près de la Loire ; fabriques de dentelles et de blondes ; *Yssingeaux*, commerce de blondes.

Département de la *Loire* (473,000 h.) : chef-lieu, *Montbrison*, très-peu considérable ; *St-*

Étienne (54,000 h.), manufactures d'armes; fabriques de quincaillerie, de coutellerie, de rubans et de lacets, et riches mines de charbon de terre; *Roanne* (13,000 h.), commerce actif; *Rive-de-Gier* (12,000 h.), mines de charbon de terre; fabriques d'acier; *Saint-Chamond*, fabriques de rubans, de lacets et de clouterie; mines de charbons de terre.

Département de la *Nièvre* (327,000 h.): chef-lieu, *Nevers* (17,000 h.), sur la Loire; forges considérables et fonderie importante pour la marine; commerce de fer, de quincaillerie, de bois, de porcelaine, de faïence et de vins; *Clamecy*, commerce de bois et de charbon de bois; *Château-Chinon*, au milieu des montagnes du Morvan, même commerce; *Cosne*, sur la Loire; coutellerie; fabriques d'ancres pour la marine, de quincaillerie et de clouterie; *Pouilly-sur-Loire*, vins blancs renommés; *Donzy*, forges importantes; *Decize*, houille, pierres meulières, forges.

Département du *Loiret* (344,000 h.) : chef-lieu, *Orléans* (47,000 h.), belle cathédrale, beau pont; fabriques de draps fins; raffineries de sucre; commerce de vins, de vinaigres et de bois; deux siéges fameux, en 450, par Attila, et en 1428, par les Anglais, que Jeanne d'Arc repoussa; *Sully-sur-Loire*, érigé en duché, par

Henri IV , en faveur de son ministre Rosny ; *Beaugency* , commerce de vins.

Département du *Loir-et-Cher* (262,000 h.) : chef-lieu, *Blois* (13,000 h.), beau pont; ancien château, fameux dans l'histoire des Valois; *Romorantin*, ancienne capitale de la Sologne; manufactures de draps; édit célèbre en 1560; *Chambord* , beau château élevé sous François Ier.

Département d'*Indre-et-Loire* (316,000 h.) : chef-lieu, *Tours* (30,000 h.), superbe pont , belle cathédrale; commerce de draps , de soieries, de fruits ; bataille , en 732 , gagnée par Charles-Martel sur les Sarrasins ; près de là , le château de *Plessis-lez-Tours* , qui fut habité par Louis XI; *Chinon* , ruines du château qui fut la résidence de Charles VII; *Loches* , ancien château; *Amboise* , château agréablement placé, où séjournèrent Charles VII, Louis XI, Charles VIII et François II ; la *Haye-Descartes* , patrie du fameux philosophe Descartes ; *Richelieu* , ville construite par l'illustre ministre du même nom; *Mettray* , colonie agricole pour les jeunes condamnés.

Département de *Maine-et-Loire* (515,000 h.) : chef-lieu, *Angers* (38,000 h.), commerce de vins, de bestiaux et d'ardoises; vieux château fort; *Saumur* (13,000 h.), château fort; école de cavalerie ; *Beaupréau*, foires célèbres et grand commerce de bestiaux ; *Chalonnes*, fabriques de mouchoirs ; *Cholet*, fabriques de mouchoirs de toiles ; commerce de bœufs.

Département de la *Loire-Inférieure* (536,000 h.) : chef-lieu, *Nantes* (86,000 h.) ; belle ville et port très-commerçant ; *Savenay*, marais salants ; *Chateaubriant*, ancien et célèbre château ; *Ancenis*, petit port assez animé ; *Machecoul*, ancienne capitale du duché de Retz ; dans la petite île d'*Indret*, près d'*Indre*, il y a une célèbre usine de la marine de l'État.

Départements du bassin de la Mayenne, affluents de droite de la Loire :

Département de la *Sarthe* (473,000 h.) : chef-lieu, *Mans* (23,000 h.) ; bougies, toiles, volailles renommées ; *Mamers*, bestiaux et toiles ; *La Flèche*, collége militaire ; *Sablé*, patrie de Ménage.

Département de la *Mayenne* (375,000 h.) : chef-lieu, *Laval* (16,000 h.), sur la Mayenne ; commerces de fil et de toiles ; *Mayenne*, fabrique de toiles ; duché fameux au XVIe siècle.

Départements de la rive gauche de la Loire :

Département du *Cher* (306,000 h.) : chef-lieu, *Bourges* (19,000 h.) ; très-ancienne ville, au centre de la France ; belle cathédrale ; draps et toiles peintes ; forges et hauts-fourneaux ; commerce de laines ; antiquités ; siége de la cour de Charles VII pendant l'invasion des Anglais ; fameuse Pragmatique-Sanction de 1438 ; *Sancerre*, sur une montagne, près de la Loire ; bons vins ; siége et famine en 1573 ; *Vierzon*, forges, hauts-fourneaux, porcelaines.

Départements situés à gauche et loin de la Loire, dans les bassins de l'Allier, du Cher, de l'Indre et de la Vienne :

Le département du *Puy-de-Dôme* (597,000 h.) ; chef-lieu, *Clermont-Ferrand* (34,000 h.), fontaine pétrifiante de Sainte-Allyre ; belle cathédrale ; étoffes de laines ; *Riom* (13,000 h.), ville industrieuse et commerçante ; *Thiers*, coutellerie, papeterie, tanneries, dentelles ; commerce de mercerie ; *Ambert*, commerce de mercerie ; fabriques de papier, de toile et de dentelle ; *Billom*, ancienne capitale de la Limagne ; *Aigueperse*, patrie du chancelier de l'Hôpital ; *Volvic*, carrières de basalte ; *Royat*, village avec des grottes curieuses ; les *Bains du mont-Dore*, célèbre par ses eaux minérales.

Département de la *Creuse* (287,000 h.) : chef-lieu, *Guéret*, sur une montagne ; commerce de bestiaux ; *Aubusson*, commerce de tapis ; *Bourganeuf*, tour célèbre que Zizim, frère de Bajazet II, reçut pour habitation de Pierre d'Aubusson ; *Felletin*, fabrique de tapis.

Département de l'*Indre* (272,000 h.) ; chef-lieu ; *Chateauroux* (13,000 h.), commerce de draps, de grains et de bestiaux ; parc de construction du train des équipages militaires ; *Issoudun* (11,000 h.), draps, commerce de fer ; *le Blanc*, forges dans le voisinages; *Valençay*, beau château qui appartenait au prince de Talleyrand ; *Busançais*, ville très-industrieuse.

Le département de la *Haute-Vienne* (319,000 h.) : chef-lieu , *Limoges* (29,000 h.), sur la Vienne ; porcelaine , étoffes de laine ; *Rochechouart*, sur une montagne escarpée ; *Saint-Yrieix*, carrières de kaolin, fabriques de porcelaines et de faïence ; *St-Léonard*, fabriques de porcelaine ; *Chalus*, siége de 1199, où mourut Richard-Cœur-de-Lion ; *St-Junien*, très-belle église; *Laroche-Abeille*, bataille de 1519, gagnée par le duc d'Anjou.

Département de la *Vienne* (317,000 h.) : chef-lieu, *Poitiers* (25,000), antiquités, belle cathédrale, fabriques de draps, commerce de grains et de laines; victoire du Prince Noir sur le roi Jean, en 1355; *Chatellerault* (10,000 h.), manufacture d'armes ; coutellerie renommée ; *Vouillé*, victoire de Clovis sur les Visigoths, en 507; *Moncontour*, victoire du duc d'Anjou sur l'amiral Coligny, en 1569; *Lusignan*, ancien château fort, qui a donné son nom à une famille célèbre dans les croisades.

Bassins du Lay, de la Sèvre-Niortaise, de la Charente et de la Seudre.

Département de la *Vendée* (384,000 h.) : chef-lieu, *Napoléon-Vendée*, jolie ville, agrandie par Napoléon ; *les Sables-d'Olonne*, port de mer et commerce de grains ; *Luçon*, siége épiscopal de Richelieu ; port au moyen d'un canal qui communique avec la mer.

Département des *Deux-Sèvres* (324,000 h.) : chef-lieu, *Niort* (17,000 h.), sur la Sèvre-Niortaise ; fabriques de serges, de droguets et de gants ; *Thouars*, château magnifique qui a été le séjour de la célèbre famille de la Trémouille ; *Châtillon*, victoire des Vendéens, en 1793.

Le département de la *Charente* (383,000 h.): chef-lieu, *Angoulême* (19,000 h.), sur la Charente, fabrique de beau papier, de lainage et de faïence ; *Ruffec*, commerce de grains et de truffes ; *Cognac*, eaux-de-vie renommées ; *Barbezieux*, commerce de toiles et de truffes ; *Jarnac*, victoire des catholiques sur les protestants, en 1569; *la Rochefoucauld*, a donné son nom à une famille célèbre.

Département de la *Charente - Inférieure* (470,000 h.): chef-lieu, *La Rochelle* (14,000 h.), place forte et port de mer ; raffineries de sucre ; manufactures de faïence ; commerce d'esprits et d'eau-de-vie ; une des places principales des calvinistes pendant les guerres de religion du XVIe et du XVIIe siècle ; siége fameux en 1628 ; *Rochefort* (16,000 h.), jolie ville, place forte, port militaire de 1re classe, près de l'embouchure de la Charente ; chantier de construction ; fonderie de canons ; grand arsenal et bel hôpital de la marine ; *Saintes*, antiquités romaines, commerce d'eau-de-vie renommée ; patrie de Bernard Palissy ; *Saint-Jean-d'Angély*, commerce d'eau-de-vie et de bois de construction ; *Marennes*, huîtres renommées ; *Jonzac*, commerce d'eau-de-vie et de lainage ; *Marans*, commerce de sel et de blé ; *Taillebourg*, victoire de St-Louis sur les Anglais, en 1242.

Bassin de la Garonne ; départements que ce fleuve traverse :

Département de la *Haute-Garonne* (481,000 h.) : chef-lieu, *Toulouse* (93,000 h.), sur la Garonne ; académie des jeux floraux ; faulx et limes excellentes ; fonderie de canons ; bataille de 1814, entre le maréchal Soult et les Anglo-Espagnols ; *Muret*, siége et bataille de 1213, dans la guerre des Albigeois ; *Saint-Gaudens*, industrie active en rubans de fil et tissus de laine ; *Bagnères-de-Luchon*, eaux minérales ; *Revel*, dans une belle plaine, ville industrieuse.

Département de *Tarn-et-Garonne* (238,000 h.) :

chef-lieu , *Montauban* (25,000 h.) , une des principales places des calvinistes pendant les guerres de religion ; manufactures de cotonnades et de bas de soie ; siége de 1621 , soutenu victorieusement contre Louis XIII ; prise en 1629 par Richelieu, qui en fit raser les fortifications ; *Moissac*, ancienne abbaye célèbre ; *St-Antonin*, commerce de cuirs.

Département de *Lot-et-Garonne* (346,000 h.): chef-lieu, *Agen* (14,000 h.), sur la Garonne ; belle promenade du Gravier ; commerce de minoterie ; prunes renommées ; *Nérac*, ancienne capitale du duché d'Albret ; château où Henri IV a séjourné ; *Tonneins*, sur la Garonne ; manufacture de tabac.

Département de la *Gironde* (614,000 h.) : chef-lieu, *Bordeaux* (130,000 h.), la quatrième ville de France, par sa population ; beau port, promenade de Tourny, petit port et place forte, sur la rive droite de la Gironde ; *Libourne* 10,000 h.), port commerçant ; *Blaye*, petit port et place forte ; *Saint-Emilion*, excellents vins ; *Coutras*, victoire de Henri IV , en 1587 ; *Castillon*, bataille gagnée par Charles VII sur les Anglais, en 1451.

Départements traversés par la Dordogne :

Département du *Cantal* (253,000 h.) : chef-lieu, *Aurillac*, (10,100 h.), commerce de dentelles, de chaudronnerie et de bestiaux; ancien monastère illustré par Gerbert; *Saint-Flour*, sur un rocher de basalte; *Chaudesaigues*, eaux thermales célèbres.

Département de la *Corrèze* (321,000 h.): chef-lieu, *Tulle*, dans une gorge étroite, sur la *Corrèze*; manufacture d'armes, commerce de fer et de cuivre; invention du tulle; *Ussel*, ancienne capitale du duché de Ventadour; *Bort*, colonnes de balsate nommées *Orgues de Bort*; *Turenne*, ancienne vicomté qui a appartenu à l'illustre famille de ce nom.

Département de la *Dordogne* (506,000 h.): chef-lieu, *Périgueux* (22,000 h.), antiquités; belle cathédrale; *Nontron*, coutellerie; *Bergerac* (10,000 h.), autrefois ville très-forte, vins renommés; *Brantôme*, ancienne abbaye; *Salignac*, berceau de la famille de Fénelon; *St-Michel*, château de Montaigne, où est né le célèbre écrivain de ce nom.

Départements des bassins de l'Ariége, du Tarn et du Lot, affluents de droite de la Garonne:

Le département de l'*Ariège* (267,000 h.): chef-lieu, *Foix*; *Pamiers*, faulx et limes; *Saint-Girons*, forges; grand commerce avec l'Espagne; *Mirepoix*, ancienne capitale d'un pays du même nom; *Massat*, mines de fer et forges; *Ax*, eaux minérales.

Département du *Tarn* (363,000 h.) : chef-lieu, *Albi* (14,000 h.), belle cathédrale ; patrie de La Pérouse ; *Castres* (21,100 h.), draps ; *Lavaur*, manufactures de soieries ; *Gaillac*, vins estimés ; *Sorèze*, école célèbre ; dans le voisinage, magnifique bassin de St-Féréol, qui fournit de l'eau au canal du midi ; *Mazamet*, draps.

Département de la *Lozère* (145,000 h.) : chef-lieu, *Mende*, sur le Lot ; serges ; *Marvéjols*, détruite en 1586 par Joyeuse, et rebâtie par Henri IV ; *Villefort*, mines de plomb, avec un peu d'argent ; *Chateauneuf-Randon*, siége de 1380, pendant lequel mourut du Guesclin ; *Bagnols-les-Bains*, eaux minérales renommées.

Département de l'*Aveyron* (394,000 h.), chef-lieu, *Rodez*, sur l'Aveyron ; belle cathédrale ; *Villefranche*, industrie active ; houille et forges dans le voisinage, à *Aubin* et à *Decazeville* ; *Milhau*, ville très-industrieuse ; *Saint-Affrique*, commerce de draps et de fromages ; *Roquefort*, fromages renommés ; *Gransac*, eaux minérales célèbres.

Département du *Lot* (296,000 h.) : chef-lieu, *Cahors* (13,000 h.), commerce de vins ; *Gourdon*, commerce de vins ; dans le voisinage, chateau de *la Mothe-Fénelon*, où est né Fénelon ; *Figeac*, patrie de Champollion ; *Souillac*, manufacture d'armes à feu ; *Capdenac*, sur le roc de *Puech-d'Usselon*, où était *Uxellodunum*, si célèbre par la résistance qu'elle opposa à César.

Département du bassin du Gers, affluent de gauche de la Garonne :

Département du *Gers* (317,000 h.) : chef-lieu, *Auch* (10,000 h.), magnifique cathédrale; *Lectoure*, antiquités curieuses; *Lombez*, ancien siège des États de Comminges; *Mirande*, sur la Baïse; commerce de vins, de blé et d'eau-de-vie.

Bassin de l'Adour :

Département des *Hautes-Pyrénées* (251,000 h.) : chef-lieu, *Tarbes* (13,000 h.); *Bagnères-de-Bigorre*, sources minérales très-fréquentées; *Argelès*, dans une vallée magnifique; *Campan*, dans une très-belle vallée du même nom; carrières de beau marbre; *Barèges*, *Saint-Sauveur* et *Cauterets*, eaux minérales renommées.

Département des *Basses-Pyrénées* (447,000 h.) : chef-lieu, *Pau* (15,000 h.), château où est né Henri IV; *Bayonne* (19,000 h.), port très-commerçant et place forte de premier ordre; jambon et chocolat renommés; *Orthez*, ville industrieuse et commerçante, autrefois capitale du Béarn, sous la maison de Moncade; *Salies*, commerce de sel et de jambons; *Eaux-Chaudes* et *Eaux-Bonnes*, célèbres établissements thermaux.

Département des *Landes* (302,000 h.) : chef-lieu, *Mont-de-Marsan*, commerce de vins, d'eau-de-vie, de liége et de résine; *Dax*, eaux thermales; *Pouy*, patrie de Saint Vincent-de-Paule; *Saint-Esprit*, commerce actif; population presque toute israëlite; *Aire*, siége de l'empire d'Alaric.

Départements et villes principales du versant de la Méditerranée:

Bassins du Tech, de la Tet, de la Glis, de l'Aude et de l'Hérault:

Département des *Pyrénées-Orientales* (182,000 h.): chef-lieu, *Perpignan* 22,000 h.), place très-forte; commerce de vins; *Rivesaltes*, excellents vins; *Collioure* et *Port-Vendres*, ports de mer et places fortes; *Vernet-les-Bains*, eaux thermales renommées.

Département de l'*Aude* (290,000 h.): chef-lieu, *Carcassonne* (16,000 h.); *Castelnaudary* (10,000 h.), bataille de 1632; *Narbonne* (13,000 h.), ville très-ancienne; belle cathédrale; miel renommé.

Département de l'*Hérault* (389,000 h.), chef-lieu, *Montpellier* (46,000 h.), place du Peyrou; école de médecine et beau jardin botanique; étoffes de laine, siamoises, vert-de-gris; commerce de vins et d'eau-de-vie; *Béziers* (17,000 h.), situation délicieuse; *Lodève* (11,000 h.), draps; *Pézénas*, dans une très-agréable posi-

tion ; *Agde*, place forte et port très-commerçant ; *Cette* (18,000 h.), place forte et port de
mer, sur une langue de terre qui sépare l'étang
de Thau de la Méditerranée ; *Frontignan* et
Lunel, vins renommés ; *Ganges*, soieries ; *Bé-
darrieux*, draps.

Départements de la rive droite du Rhône :

Département de l'*Ain* (373,000 h.) : chef-
lieu, *Bourg-en-Bresse*, belle église de *Brou*;
Trévoux, dans une jolie situation ; ancien col-
lège célèbre de jésuites ; *Belley*, ancienne capitale du *Bugey*, pierres lithographiques ; *Gex*,
fromages renommés ; *Ferney*, célèbre par le séjour de Voltaire.

Département du *Rhône* (575,000 h.) : chef-
lieu, *Lyon* (258,000 h.), métropole St-Jean ;
superbe hôtel-de-ville ; palais St-Pierre, qui
renferme un riche musée d'arts et d'antiquités ;
place Bellecour; nombreuses fabriques de belles
soieries ; *Villefranche-sur-Saône*, commerce de
bestiaux, de chevaux et de toiles ; *Tarare*,
mousselines renommées ; *Beaujeu*, commerce
de vins du Beaujolais ; *Givors*, commerce de
houille; *Condrieu*, vignobles fameux.

Département de l'*Ardèche* (387,000 h.), chef-
lieu : *Privas*, commerce de cuirs ; *Annonay*,
la plus importante ville du département; pape-
teries, mégisseries, filatures de soie ; invention

des aérostats par les frères Montgolfier ; *Aubenas*, commerce de soie et de marrons ; *Viviers*.

Département du *Gard* (408,000 h.), chef-lieu : *Nîmes* (54, 000 h.), plusieurs monuments antiques, tels que l'Amphithéâtre ou les Arènes, la Maison Carrée, un arc de triomphe ; à quelque distance, le Pont du Gard, magnifique aqueduc romain ; *Alais* (14,000 h.), fabrique de rubans de soie ; forges ; charbons de terre. *Beaucaire* (10,000 h.), foire célèbre ; *Saint-Gilles*, commerce de vin ; *Aigues-Mortes*, petite place forte et petit port, autrefois plus important, où saint Louis s'embarqua pour ses deux croisades ; *Saint-Hippolyte*, château de Florian, où est né l'auteur de ce nom ; *La grand-Combe*, charbon de terre.

Départements sur la rive gauche du Rhône :

Département de l'*Isère* (603,000 h.) : chef-lieu, *Grenoble* (31,000 h.), sur l'Isère ; place forte ; ganterie renommée ; *Vienne* (15,000 h.), ville très-ancienne, sur le Rhône, fabriques de draps, mines de plomb argentifère ; concile de 1312 où fut aboli l'Ordre des Templiers ; *Bourgoin*, manufactures d'indiennes ; *Voiron*, toiles estimées ; *Sassenage*, fromages renommés ; *La Grande-Chartreuse*, monastère célèbre.

Département de la *Drôme* (327,000 h.) : chef-lieu, *Valence* (11,000 h.), soieries ; *Die*, soie, vin blancs renommés ; *Romans*, ville très-commerçante ; *Tain*, célèbre vignoble de l'*Ermitage*, dans le voisinage ; *Dieu-le-Fit*, eaux minérales, fabrique de faïence.

Département de *Vaucluse* (265,000 h.): chef-lieu, *Avignon* (35,000 h.), longtemps la résidence des Papes, qui l'ont ornée d'un grand nombre de beaux édifices ; commerce de garances, de vins, d'huiles et de parfums ; *Carpentras* ancienne capitale du Comtat Venaissin ; *Orange*, ancienne capitale d'une principauté de même nom ; antiquités romaines ; *Apt*, manufactures de faïence ; cathédrale curieuse.

Département des *Bouches-du-Rhône* (429,000 h.) : chef-lieu, *Marseille* (200,000 h.) ; beau port, défendu par les forts Saint-Jean et Saint-Nicolas ; belles rues du Grand Cours et de la Cannebière ; très-grand commerce ; fabriques de savons renommés, raffineries de sucre ; *Aix* (27,000 h.), ancienne capitale de la Provence ; huile d'olive très-estimée ; eaux minérales ; *Arles* (23,000 h.), antiquités romaines et du moyen-âge.

Départements du bassin de la Saône, affluents de droite du Rhône :

Département du *Jura* (313,000 h.) : chef-lieu, *Lons-le-Saunier*, salines ; *Dole* (10,000 h.), dans une jolie vallée ; *St-Claude*, ouvrages en bois, en corne, en écailles, en os et en ivoire ; *Salins*, importantes salines.

Département du *Doubs* (297,000 h.) : chef-lieu, *Besançon* (41,000 h.), place forte sur le Doubs ; dentelles et horlogerie ; *Baume-les-Dames*, ancien monastère célèbre ; *Montbéliard*, ville fortifiée ; *Pontarlier*, forges et hauts-fourneaux ; *Osselle*, grottes célèbres.

Département de la *Haute-Saône* (347,000 h.) : chef-lieu, *Vesoul* ; *Gray*, commerce de grains et de sel ; *Luxeuil*, eaux minérales ; ancien monastère, fameux sous les Mérovingiens.

Département de la *Côte-d'Or* (400,000 h.) ; chef-lieu, *Dijon* (28,000 h.), belle cathédrale ; *Beaune*, vins renommés ; *Châtillon-sur-Seine*, congrès de 1814 ; *Sémur* ; *Château de Bourbilly*, où est née Madame de Sévigné ; *Montbard*, patrie de Buffon et de Daubenton ; *Ste-Reine*, connue par la résistance que César y opposa à tous les Gaulois confédérés.

Département de *Saône-et-Loire* (575,000 h.) : chef-lieu, *Mâcon* (13,000 h.) ; Autun, l'ancienne *Bibracte* (13,000 h.), antiquités ; *Charolles*, bœufs renommés ; *Châlons-sur-Saône* (16,000 h.), place forte et ville très-commerçante ; *Louhans*, commerce de blé ; *Le Creusot*, mines de charbon de terre et grands établissements pour le travail de fer ; *Épinay*, houille et fer ; *Bourbon-Lancy*, eaux minérales ; *Cluny*, ancienne abbaye.

Départements du bassin de la *Durance*, affluents de gauche du Rhône :

Département des *Hautes-Alpes* (132,000 h.): chef-lieu, *Gap*; *Embrun*, place forte, sur un rocher escarpé; *Briançon*, autre place forte; c'est la ville la plus élevée de France.

Département des *Basses-Alpes* (152,000 h.): chef-lieu, *Digne*, dans une position pittoresque; *Manosque*, commerce de soie et de fruits.

Département du *Var* (338,000 h.) : chef-lieu, *Draguignan*, dans une situation agréable; commerce d'huile d'olive; *Toulon* (50,000 h.), ville forte; port militaire de premier ordre et le premier arsenal de la France, sur la Méditerranée, avec une rade superbe; grand commerce de vins, d'huile et de savons; livrée aux Anglais en 1793 et reprise après un siége fameux où le génie militaire du jeune Napoléon se dévoila; *Grasse*, commerce de parfums, de fruits et d'huile renommés; *Brignolles*, beau climat, prunes estimées; *Hyères*, climat d'une douceur remarquable; *Cannes*, non loin de laquelle Napoléon débarqua, à son retour de l'île d'Elbe; *Antibes*, port et place forte; antiquités romaines.

Département de la *Corse* (236,000 h.) : chef-lieu, *Ajaccio*, sur la côte occidentale, place forte et bon port; lieu de naissance de Napoléon ; *Bastia* (14,000 h.), place forte et bon port ; *Bonifacio*, sur les Bouches de ce nom.

CASIMIR.

Quelle mémoire ! bien peu d'élèves seraient capables d'exposer ainsi par cœur tous les départements de la France.

LA GÉOGRAPHIE.

Quand on les a bien appris les uns après les autres, il est facile de les rappeler tous dans le même entretien, avec ce qu'ils renferment de plus curieux et de plus utile.

LUCIE.

Combien y a-t-il de fleuves en France ?

CASIMIR.

Quatre : la *Seine*, la *Loire*, la *Garonne* et le *Rhône*.

LUCIE.

On a dit que les départements avaient pris, chacun, le nom ou d'une montagne, ou d'une rivière ou d'un autre objet remarquable ; mais d'où viennent les dénominations de *Pas-de-Calais* et de la *Manche* ?

LA GÉOGRAPHIE.

C'est le bras de mer situé entre Calais et Douvres qui a donné son nom au premier, et la mer appelée la *Manche* qui a donné le sien au second.

CASIMIR.

Avons-nous beaucóup de canaux en France?

LA GÉOGRAPHIE.

La longueur totale des canaux de la France présente un développement de 5,000 kilomètres.

Le *Canal de St-Quentin*, continué par le *Canal Crozat*, unit l'Escaut à la Somme et à l'Oise.

Le *Canal des Ardennes*, joint l'Aisne à la Meuse ; le Canal de l'Aisne *à la Marne*, en est comme la continuation ; le *Canal de la Sambre*, unit cette rivière à l'Oise.

Le *Canal de l'Ourcq*, continué par le bassin de la Villette et le *Canal St-Martin*, amène à Paris les eaux de l'Ourcq; le *Canal de St-Denis*, se rattache au Canal de l'Ourcq, et l'unit à la Seine.

La Seine et la Loire sont réunies par le *Canal du* Loing, et par ceux d'*Orléans* et de *Briare*, qui en sont deux bifurcations.

Le *Canal de Bourgogne*, s'étend de l'Yonne à la Saône ; le *Canal du Rhône au Rhin*, ou de l'*Est*, en est, en quelque sorte, une continuation, et va rejoindre le Rhin.

Le *Canal du Centre* unit la Loire à la Saône ; Le *Canal du Nivernais* unit la Loire à l'Yonne.

Le *Canal de Nantes à Brest*, est le plus remarquable de l'ouest de la France ; le *Canal d'Ille-et-Rance*, joint l'Ille à la Rance.

Le *Canal du Midi*, du *Languedoc* ou des *deux mers*, s'étend de la Garonne à l'étang de Thau : il est continué par le *Canal des Étangs* ; celui-ci l'est par le *Canal de Beaucaire*, qui aboutit au Rhône.

Enfin, sur tous les points de la France, on établit des canaux aujourd'hui, tant pour l'irrigation des champs que pour le transport des marchandises ; ce qui promet aux produits du sol et de l'industrie un état de prospérité sans exemple dans le passé.

LUCIE.

La France accroîtra ainsi sa puissance et se maintiendra dans le haut rang qu'elle occupe parmi les nations.

LA FRANCE.

L'univers a les yeux fixés sur moi ; le moindre de mes mouvements lui procure des alarmes.

LUCIE.

Lorsque vous envoyez dans les pays les plus reculés, des missionnaires, des sœurs de charité et des frères des écoles chrétiennes pour civiliser les sauvages , soigner les malades et éclairer l'enfance, y a-t-il un seul peuple qui s'inquiète d'aussi généreuses missions ?

16.

LA FRANCE.

On trouve au contraire tant de grandeur d'à-
me et de générosité dans de si nobles envois
qu'on ne fait pas difficulté de me placer à la
tête de la civilisation.

LUCIE.

Si vous aviez des ennemis, ils ne pourraient
se défendre de reconnaître en vous de nombreuses et brillantes qualités.

LA FRANCE.

Vous devez avoir remarqué que je suis toujours prête à faire les plus énormes sacrifices
pour le triomphe de la vérité : preuve que je
ne voudrais jamais m'écarter de ce qu'elle pres-
crit ; mais qui n'a pas de faiblesses ? On peut
dire qu'on en est exempt ; mais les fous seuls
le pensent.

LUCIE.

Après un pareil raisonnement, le parti le
plus sage, c'est de se taire.

CASIMIR.

Au reste, ce n'est pas trop tôt : car midi est
sonné depuis cinq minutes.

LA GÉOGRAPHIE.

Casimir est toujours le même ; une fois que

l'heure du dîné arrive, il ne se trouve plus
bien au milieu de nous. Allons donc dîner.

DEUXIÈME SCÈNE.

LA GÉOGRAPHIE, CASIMIR, LUCIE.

LA GÉOGRAPHIE.

Lucie, comment avez-vous passé la journée
de hier ?

LUCIE.

Assez fatiguée du travail de la veille, je me
suis spécialement occupée de couture.

LA GÉOGRAPHIE.

Ainsi, vous avez laissé de côté pour ce jour-
là l'histoire de la géographie.

LUCIE.

J'ai fait en sorte d'apprendre la leçon d'aujourd'hui.

LA GÉOGRAPHIE.

Si vous êtes prête à répondre sur toutes les
difficultés concernant les contrées de l'Europe
méridionale, je trouve que c'est beaucoup,
après l'énorme fatigue d'avant-hier.

LUCIE.

Quand, après avoir appelé les bénédictions
de Dieu sur les occupations de la journée, on

emploie tous ses moments aux œuvres prescri-
tes par son réglement, on a du temps de reste
bien loin d'en manquer.

LA GÉOGRAPHIE.

Vous avez donc un règlement ?

LUCIE.

C'est l'unique moyen de tenir parfaitement
en règle les affaires du corps et de l'âme.

LA GÉOGRAPHIE.

Avez-vous des heures fixes pour le lever, le
coucher et le travail de chaque jour ?

LUCIE.

Par condescendance pour les volontés de ma
mère, je me lève un peu plus tard qu'il ne
convient de le faire ; mais je prépare, le soir
après souper, ce qui devrait être fait le matin.

LA GÉOGRAPHIE.

Tous les autres articles sont-ils régulièrement
exécutés ?

LUCIE.

J'y tiens autant qu'à ma propre vie.

LA GÉOGRAPHIE.

Casimir, de quoi avons-nous à parler aujour-
d'hui ?

CASIMIR.

De la *Péninsule* ou presqu'île *Espagnole*.

LA GÉOGRAPHIE.

Dites-nous ce que vous en savez ?

CASIMIR.

La *Péninsule Espagnole* est bornée, au levant, par la mer Méditerranée ; au couchant par l'océan Atlantique ; au nord, par le golfe de Gascogne et par les Pyrénées ; au midi par le détroit de Gibraltar, autrefois, d'Hercule.

Ce pays, divisé en deux monarchies constitutionnelles, le royaume de Portugal et celui d'Espagne, a une superficie de 465,000 kilomètres carrés et une population de 18,000,000 d'âmes, dont 4,000,000 pour le Portugal et 14,000,000 pour l'Espagne.

Cette contrée est fort montagneuse, et les chaînes qui la couvrent, sont généralement très-hautes et très-escarpées ; il y a les *Pyrénées*, les *monts Cantabres* et *Ibériens*, les *Sierra de Oca* et de *Montcayo*, la *Sierra-Nevada*, la *Sierra-Morena* et plusieurs autres.

Il y a plusieurs fleuves : l'*Ebre*, le *Ségre* et la *Segura* se jettent dans la Méditerranée ; le *Minho*, le *Douro*, le *Tage*, la *Guadiana* et le *Guadalquivir*, dans l'océan Atlantique.

Le versant de la Méditerranée est la partie la

plus chaude et la plus belle de l'Espagne ; la végétation y est magnifique ; on y voit, surtout vers le sud , des bois entiers d'orangers et de citronniers ; la canne à sucre, le cotonnier, le caroubier, le lentisque, le grenadier, le palmier, y réussissent ; le cafier même et l'indigotier y ont été acclimatés ; les oliviers et la vigne y donnent d'excellents produits ; les mûriers propres aux vers à soie y abondent , et l'on y recueille une précieuse espèce de roseau , appelée sparte ou jonc d'Espagne , avec laquelle on fait des nattes. Mais cette région de la péninsule est exposée aux funestes effets du vent brûlant nommé *Solano*.

Le versant de l'Atlantique jouit d'une température agréable, sans avoir la brillante végétation des côtes orientales ; il est riche en vignes, en oliviers, en céréales , en garance, en chênes aux glands doux, en chênes-liéges, et en chênes-verts sur lesquels vit le kermès , petit insecte dont on tire une belle couleur écarlate. La partie de ce versant qui est inclinée vers la mer de Biscaye est la moins belle et la moins chaude.

Le milieu de l'Espagne est un plateau généralement nu , triste et monotone , et beaucoup plus froid que la latitude de la péninsule ne pourrait d'abord le faire croire. La richesse principale de cette région consiste en mérinos qui donnent une laine très-fine, et dont on voit d'immenses troupeaux transhumants.

Les chevaux qu'on élève dans le sud sont renommés par leur vigueur et leur beauté. Cependant, les mulets sont généralement employés pour le transport des voyageurs et des marchandises. On y trouve de l'or, mais pas en assez grande quantité pour qu'on l'exploite; on extrait un peu d'argent et beaucoup de cuivre, de plomb, de fer, de mercure, de houille, de marbre.

Il y a quarante-neuf provinces en Espagne. La *Galice* : chef-lieu, la *Corogne* (23,000 h.), avec un port vaste et commode; *Le Ferrol*, avec un important port militaire; *Saint-Jacques-de-Compostelle* (20,000 h.), ancienne capitale de la Galice; célèbre par sa vaste cathédrale gothique, composée de deux églises consacrées à Saint-Jacques-le-Mineur et à Saint-Jacques-le-Majeur; *Lugo*, avec des sources thermales renommées.

Oviedo, chef-lieu de la province du même nom; la *Vieille-Castille* forme six provinces : *Santander* (20,000 h.), ville maritime; *Burgos*, capitale de la Vieille-Castille et patrie du Cid; aujourd'hui bien déchue de son ancienne splendeur; *Logrono*; *Soria*; *Ségovie*, remarquable par ses manufactures de draps et par un admirable aqueduc que les Romains ont construit. A 8 kilomètres de cette ville, se trouve le beau château royal de la *Granja*.

Bilbao (15,000 h.), chef-lieu de la Biscaye, port commerçant ; *Saint-Sébastien*, chef-lieu du *Guipuscoa*, place forte et maritime ; *Vittoria*, chef-lieu de l'*Alava*.

Barcelone (200,000 h.), belle place maritime, très-fortifiée ; *Mataro*, port très-commerçant ; *Figuières*, place très-forte ; *Tarragone* (12,000 h.), port de mer ; elle fut anciennement, sous le nom de *Tarraco*, la plus grande ville de l'Espagne ; *Reus* (25,000 h.), ville manufacturière ; *Cordona*, intéressante par ses mines de sel gemme ; la *Seu d'Urgel*, place forte.

Entre la Catalogne et le département français de l'Ariége, au milieu des Pyrénées, se trouve la petite république d'*Andorre*, placée sous la protection de la France et de l'évêque d'Urgel ; la capitale est Andorre.

Valence (65,000 h.), avec de nombreuses fabriques de soieries ; *Alicante* (25,000 h.), renommée par ses vins et place maritime très-commerçante ; *Elche*, ville industrieuse ; *Orihuela*, sur la Segura, dans une plaine fertile, surnommée le jardin de l'Espagne.

Murcie (35,000 h.), agréablement posée sur la Segura ; *Carthagène* (40,000 h.), port célèbre, *Lorca* (18,000 h.)

Palma (40,000 h.), capitale de l'*Ile Mayorque*, riche en orangers, citronniers, vins ; *Mahon*, chef-lieu de *Minorque*, un des plus beaux ports de l'Europe.

Grenade (80,000 h.), au milieu d'une plaine fertile ; *Séville* (90,000 h.), dans une position admirable ; *Almeria*, port de mer très-fréquenté ; *Malaga* (65,000 h.), vignobles très-estimés ; *Cordoue* (55,000 h.) ; *Cadix* (50,000 h.), place très-forte et l'une des villes les plus commerçantes de l'Europe ; *Rota* ; *Xérès de la Frontera*, célèbres par leurs vins ; *Algésiras*, port commerçant, et place très-importante sur le détroit de Gibraltar. Telles sont les principales villes de l'*Andalousie*, à l'extrémité de laquelle est situé *Gibraltar*, au pied d'un rocher escarpé, place imprenable, qui appartient aux Anglais depuis 1704.

On remarque dans l'*Aragon: Saragosse* (45,000 h.), célèbre par le siège qu'elle soutint contre les Français, en 1809 ; *Pampelune* (15,000 h.), chef-lieu de la Navarre ; place très-forte. Au nord-est de cette ville, se trouve la vallée de *Roncevaux*, célèbre par la mort de Rolland, neveu de Charlemagne ; *Tudela* et *Estella*.

Léon, ville fort ancienne, remarquable par sa cathédrale ; *Valladolid* (25,000 h.) ; *Palencia*, avec une superbe cathédrale ; *Salamanque*, cé-

lèbre par son université et ses monuments romains.

Badajoz (13,000 h.), la plus importante ville
de l'*Estramadure*; *Merida*, autrefois l'une des
plus florissantes colonies romaines d'Espagne ;
ruines superbes ; *Alcantara*, remarquable par
son magnifique port romain.

Madrid (300,000 h.), chef-lieu de la *Nouvelle
Castille* et capitale de toute l'Espagne ; c'est de
toutes les capitales de l'Europe la plus élevée
au-dessus du niveau de la mer ; *Madrid*, nom
d'origine arabe, signifie *maison de bon air* ; le
Pardo, est un joli château royal ; l'*Escurial* renferme un magnifique édifice, qui fut destiné à
être à la fois un monastère et une résidence royale ; *Tolède* ; *Aranjuez*, belle résidence royale,
avec des jardins délicieux.

Il y a en Espagne deux assemblées législatives
ou chambres, l'une des députés, et l'autre des
pairs ou sénateurs ; on les désigne sous le nom
général de *Cortès*. Le catholicisme est la religion du pays.

On compte dix universités : Madrid, Barce-
lonne, Grenade, Oviedo, Salamanque, Séville,
Santiago, Valence, Valladolid et Saragosse.

La langue espagnole, noble, sonore et poétique, est un des idiomes nés du latin, mais elle
renferme aussi un grand nombre de mots déri-

vés de l'arabe, du tudesque et du celtique. C'est en Castille qu'on la parle avec le plus de pureté.

L'armée espagnole est d'environ 100,000 hommes.

Sa marine n'a que 4 vaisseaux de ligne et 6 frégates. Carthagène, Cadix et le Ferrol, sont les trois grands ports militaires de l'Espagne.

Son revenu s'élève à 299,000,000 de francs.

LA GÉOGRAPHIE.

A présent que les principaux lieux d'Espagne ont été nommés, passons au Portugal.

CASIMIR.

Le *Portugal* est un pays montagneux, entre-coupé de riantes vallées. Le climat est fort chaud sur la côte, mais doux et délicieux dans l'intérieur , et généralement très-sain. On y trouve une grande variété de richesses végétales : l'oranger, le citronnier, l'olivier, le dattier, le myrte, le laurier, le chêne-liège , le chêne-vert à kermès, la vigne, les melons, les pastèques, les amandes, les figues ; mais l'agriculture est dans un état peu avancé.

La substance minérale la plus productive pour ce pays est le sel, dont on recueille une immense quantité dans les salines répandues le long de la mer.

Cette contrée se divise en huit provinces :

G. — S. 17

Braga (15,000 h.), chef-lieu du *Minho ; Oporto* (62,000 h.), chef-lieu de la province du *Douro*, ville commerçante, renommée surtout par ses vins ; *Viseu*, où se tiennent des foires célèbres, est le chef-lieu du *Haut-Beira ; Castello-Branco*, chef-lieu du *Bas-Beira ; Coïmbre* (15,000 h.), agréablement posée sur le Mondégo et fameuse par son université ; *Lamego*, où s'assemblèrent, en 1143, les Cortès qui établirent les bases de la constitution portugaise.

Lisbonne (260,000 h.), chef-lieu de l'*Estrémadure* et capitale de tout le royaume. On distingue encore *Mafra*, avec un magnifique édifice, qui est composé d'un couvent, d'un palais et d'une église ; *Santarem*, ancienne résidence des souverains ; *Abrantès*, dans une situation délicieuse.

Evora, chef-lieu de l'*Alentejo ; Elvas*, place très-forte.

L'*Algarve* a pour chef-lieu *Faro*.

Les deux chambres qui s'appellent les *Cortès*, comme en Espagne, servent à tempérer le pouvoir du souverain de ce pays.

Le catholicisme est la religion des Portugais ; mais les autres cultes sont tolérés. Un patriarche qui réside à Lisbonne est le chef de l'Église portugaise.

La langue portugaise a une grande analogie avec l'espagnol; elle est douce, harmonieuse, énergique. Des écrivains de mérite l'ont illustrée, surtout au XVIe siècle, qui vit fleurir le poëte Camoëns. L'instruction publique élémentaire est fort négligée.

Cette puissance, autrefois la plus brillante de l'Europe par sa marine, n'a aujourd'hui qu'un vaisseau et une frégate.

LUCIE.

Voilà qui est court. Si nous n'appuyons pas davantage sur ce qu'il nous reste à dire de l'Europe, nous aurons bientôt fini.

CASIMIR.

L'*Italie* se compose d'une grande presqu'île et de plusieurs îles, dont les principales sont la *Sicile* et la *Sardaigne*. Sa superficie est de 270,000 kilomètres carrés, et sa population de 21,000,000 d'habitants. C'est un pays entouré d'eau, excepté du côté de la France, de la Suisse et du Tyrol.

Cette contrée est célèbre par la beauté de son climat, la fertilité de son sol, la variété de ses sites enchanteurs et les vénérables restes d'antiquités qu'elle présente à chaque pas. Au nord, sont les hautes montagnes des Alpes, dont les glaciers et les neiges contrastent avec les vastes plaines du Pô, et à leurs pieds se trouvent d'innombrables rivières et des lacs pittoresques. Au sud, le sol est beaucoup moins bien arrosé, et il est exposé à de violents tremblements de terre ; mais le ciel y est très-beau.

Le climat de l'Italie est généralement très-doux ; cependant il y a plusieurs cantons fort malfaisants, et il souffle quelquefois un vent méridional, suffocant et insupportable, qu'on nomme *Siroco*.

Les principales richesses de ce pays sont le riz, récolté dans les plaines humides du Pô ; le maïs, le vin, des fruits exquis, surtout des oranges, des cédrats, des poncires, des limons, des citrons, des dattes, des figues, des pistaches, des caroubes, des olives ; le coton et la canne à sucre, dans les cantons les plus méridionaux ; la réglisse, le safran, la garance, la manne, qui découle d'un espèce de frêne ; des bœufs d'une grosseur remarquable, des buffles et des moutons estimés ; le ver à soie, l'abeille ; la pinne marine, dont le byssus est précieux ; les sèches ou *sépias* ; des marbres superbes, l'albâtre calcaire, le porphyre, le soufre.

Le Pô et le Tibre sont les deux principaux cours d'eau de cette région.

Les Apennins parcourent l'Italie du couchant au levant.

L'Italie est partagée en neuf États :

1° Le *Royaume de Sardaigne*, ou les *États Sardes*, composés d'un territoire continental et de la Sardaigne.

2° La *Principauté de Monaco*, enclavée dans les États Sardes.

3° Le *Royaume Lombardo-Vénitien*, qui appartient à l'empire d'Autriche.

4° Le *Duché de Parme*.

5° Le *Duché de Modène*.

6° Le *Grand-Duché de Toscane*.

7° Les *États de l'Église*.

8° La *République de St-Marin*, enclavée dans les États de l'Église.

9° Le *Royaume des Deux-Siciles*, composé du royaume de Naples et de la Sicile.

Le *Royaume de Sardaigne* est un des États les plus importants de l'Italie : à une superficie de 76,300 kilomètres carrés, il joint une population de 5,000,000 d'habitants. Le gouvernement est constitutionnel ; l'industrie, le commerce et l'instruction y sont en progrès.

Les principales villes de la *Savoie* sont : *Chambéry* (20,000 h.) ; *Aix*, renommée par ses eaux minérales ; *Annecy*, près du lac du même nom.

Turin (120,000 h.) : chef-lieu du Piémont et capitale du royaume ; *Carmagnole*, célèbre place forte ; *Pignerol*, dans le voisinage de laquelle sont des vallées habitées par la secte des Vaudois : *Novare* (15,000 h.), célèbre par la victoire des Autrichiens, sur les Piémontais en 1849 ; *Alexandrie* (35,000 h.), ville très-forte et près de laquelle est le village de *Marengo*, où les Français remportèrent une grande victoire sur les Autrichiens en 1800 ; *Coni* (18,000 h.), place forte.

Le *comté de Nice* a pour chef-lieu, *Nice* (30,000 h.), dans une situation délicieuse, et sous le ciel le plus doux ; *Gênes* (110,000 h.), a été surnommée *la superbe* ; ville très-fortifiée ; beau port et commerce très-considerable.

Cagliari (27,000 h.), capitale de la *Sardaigne* ; *Sassari* (20,000 h.), seconde ville.

L'armée active de cet État est de 40,000 hommes, en temps de paix, et de 150,000, sur le pied de guerre.

La marine militaire compte 5 frégates et 2 corvettes.

A l'article Autriche, nous avons parlé du *Royaume Lombardo-Vénitien*.

Parme (30,000 h.), capitale du duché de ce nom ; *Plaisance*, seconde ville.

Modène (30,000 h.), capitale du duché de ce nom ; *Guastalla*, place très-forte, sur le Pô ; *Carrare*, connue par ses beaux marbres statuaires.

Florence (100,000 h.) , capitale du *Grand-Duché de Toscane* ; cathédrale, palais Pitti , vieux palais, galerie des Médicis ; berceau des arts à l'époque de leur renaissance ; patrie d'un grand nombre d'hommes remarquables ; *Lucques* (25,000 h.), ancienne capitale d'un duché du même nom ; *Pise* (22,000 h.), tour penchée ; Campo-Santo ; *Livourne* (75,0000 h.), port fameux sur la Méditerranée ; *Sienne* , avec une célèbre université ; *Piombino* , avec un petit port de la Toscane dont dépend l'île d'Elbe, où Napoléon résida depuis le mois de mai 1814 jusqu'au 26 du mois de février 1815.

On appelle *États du Pape* ou *État pontifical*, la possession temporelle du Souverain Pontife. Ces États comprennent quatre légations, la *Comarca* de Rome et 2,600,000 sujets.

Ferrare (25,000 h.), sur une branche du Pô ; *Bologne* (75,000 h.), célèbre université ; *Faenza*, où l'on a, dit-on, inventé la faïence ; *Ravenne*, près de la mer ; *Ancône* (30,000 h.), place forte et port de mer très-commerçant ; *Lorette*, sanctuaire de Notre-Dame.

Pérouse (25,000 h.) ; *Civita-Vecchia*, principal port de l'État de l'Église, sur la mer Tyrrhénienne ; *Tivoli* , l'ancien *Tibur*, sur le Teverone ; *Rome* (155,000 h.), capitale des États de l'Église et métropole du culte catholique, sur les deux rives du Tibre. Elle a un circuit de 22 kilomètres ; mais les deux tiers de cet espace, à l'est et au sud, sont occupés par des vignobles, des champs de blé, des maisons de campagne et des jardins. La partie située à l'est du fleuve est de beaucoup la plus considérable ; on y remarque les sept fameuses collines sur lesquelles était bâtie l'ancienne Rome, c'est-à-dire, les monts Capitolin, Quirinal, Viminal, Esquilin, Palatin, Aventin et Cœlius. La portion placée sur la rive occidentale ou droite du Tibre, est appuyée sur deux collines : le Janicule et le Vatican. Place du Peuple et de St-Pierre ; rue du Cours. Monuments anciens : le Colysée ; le Panthéon ou l'église de la Rotonde ; les Thermes de Dioclétien ; la colonne Antonine et la colonne Trajane. Monuments modernes : l'église de Saint-Pierre ; l'église de Sainte-Marie Majeure ; celle de Saint-Jean-de-Latran ; les palais du Vatican, de Latran et Quirinal ; le château Saint-Ange.

L'armée papale est d'environ 14,000 hommes : la garde du pape est confiée aux Gardes-nobles et aux Suisses.

St-Marin, capitale d'une république de 7,000 âmes, placée sous la protection du pape. C'est un des plus anciens États de l'Europe ; il est enclavé dans le territoire pontifical.

Le *Royaume de Naples* est le plus important des États italiques. Il comprend une superficie de 108,000 kilomètres carrés, et environ 8,600,000 habitants.

Le royaume de Naples occupe la partie méridionale de l'Italie ; il est renommé par la beauté de son climat et la fertilité de son sol ; mais les feux souterrains le menacent sans cesse.

Il comprend quinze provinces :

Les trois plus septentrionales sont les *Abruzzes*, provinces montagneuses ; les chefs-lieux sont *Teramo*, *Aquila* et *Chieti*.

A l'est, on trouve les provinces de *Sannio*, de *Capitanate* et de *terre de Bari*, dont les chefs-lieux sont *Campobasso* ; *Foggia* (24,000 h.); *Bari* (27,000 h.)

Lecce (19,000 h.), chef-lieu de la province d'*Otrante* ; *Brindes*, la ville de l'Italie la plus rapprochée de la Turquie.

Caserte (26,000 h.), chef-lieu de la *terre de Labour*, remarquable par son magnifique château royal ; *Capoue*, près des ruines de la ville où séjourna Annibal ; *Gaëte*, place forte ; *Arpino*, patrie de Marius et de Cicéron ; *Averse*, la première principauté des aventuriers Normands en Italie.

Naples (450,000 h.), capitale du royaume de Naples et de celui des Deux-Siciles, dans une

17*

admirable situation ; Château-neuf, Château de l'OEuf, Château St-Edme, rue de Tolède, Place du Palais, métropole de St-Janvier, montagne du Pausilippe, avec une grotte célèbre et le tombeau de Virgile. *Pouzzoles*, dans le voisinage de laquelle se trouvent les ruines de *Baïes* et de *Cumes* ; *la Solfatare*, petit volcan, d'où sort continuellement de la fumée, accompagnée de soufre ; le *Monte Nuovo*, montagne qui s'éleva tout à coup en 1538 ; la curieuse grotte du *Chien*, le lac *Lucrin*, le lac *Averne*, les *Champs - Élysées* ; *Portici*, au pied du Vésuve, avec un beau palais royal, des jardins délicieux, et les ruines d'*Herculanum*, englouties sous les laves du volcan en 79, après Jésus-Christ ; *Pompeia*, qui fut aussi ensevelie par la même éruption ; l'île de *Capri* (l'ancienne *Caprée*), devenue trop fameuse par le séjour de Tibère.

Salerne (19,000 h.), chef-lieu de la *province citérieure* ; *Avellino* (23,000 h.), chef-lieu de la *province ultérieure*.

Potenza, chef-lieu de la *Basilicate* ; *Venosa*, patrie d'Horace.

Cosenza, chef-lieu de la *Calabre citérieure* ; *Reggio*, chef-lieu de la *Calabre ultérieure*.

Voici les principales villes de la Sicile : *Messine* (27,000 h.), sur le détroit auquel le *Pha-*

re de cette ville donne son nom ; *Palerme* (167,000 h.), capitale de la Sicile, au fond du golfe du même nom, dans une situation magnifique ; *Trapani* (25,000 h.); *Sciacca*, en face de laquelle s'est élevée subitement en 1831, la petite île *Julia* ou *Nerita* ; *Catane* (56,000 h.), très-belle ville située au pied et au sud du mont Etna, dont les éruptions l'ont détruite plusieurs fois.

L'île de *Malte*, située tout près de la Sicile, compte 100,000 habitants, et d'un rocher aride elle est devenue fertile et une des premières places de l'Europe. Elle appartient aux Anglais.

Le royaume des Deux-Siciles a une armée de 100,000 hommes, 11 frégates dans sa marine royale, et un revenu d'environ 117,000,000 de francs.

Tous les gouvernements de l'Italie sont des monarchies, à l'exception de la république de St-Marin. Le Pape est élu par les cardinaux.

LA GÉOGRAPHIE.

Nous voici arrivés à la plus célèbre contrée de l'antiquité. Comme ce pays est tout à fait déchu de son ancienne splendeur, nous nous contenterons de l'analyser aussi rapidement que les autres.

LUCIE.

Vous voulez sans doute parler de la *Grèce* :

il n'y a pas de pays au monde où il y ait eu autant de philosophes.

CASIMIR.

La *Grèce*, longtemps soumise à l'empire Turc, forme aujourd'hui un royaume indépendant, renfermé entre l'Archipel à l'est, la mer Ionienne à l'ouest et au sud, et la Turquie au nord ; elle a 47,6oo kilomètres carrés et une population d'un million d'habitants.

La Grèce se compose de deux parties : la *Grèce septentrionale* et la *Morée*, unies l'une à l'autre par l'isthme de Corinthe.

Le *Pinde*, consacré aux muses, est une montagne de cette contrée, et le *Permesse*, si célèbre dans l'antiquité mythologique, un de ses cours d'eau.

La Grèce offre des aspects variés, des points de vue admirables. Le climat est doux et généralement salubre ; cependant quelques parties des côtes et des rives du lac Topolias sont marécageuses et malsaines. L'agriculture est fort négligée, et cette contrée, quoique fertile, produit peu de grains ; l'olivier abonde, et il y a des vins et des raisins renommés, des cédrats, des limons, des orangers, du coton, des bananiers, des cannes à sucre ; de belles forêts ombragent les montagnes ; les campagnes incultes sont ornées de buissons de lauriers, de myrtes, de réglisses ; les vers à soie et les abeilles donnent d'excellents produits. On retire beaucoup de sel des lagunes des côtes ; et les éponges qu'on pêche dans l'archipel sont un objet important de commerce.

La Grèce est divisée en dix départements : *Athènes* (4o,ooo h.) , capitale du royaume et chef-lieu du département d'*Attique et Béotie* ; le *Pirée* lui sert de port ; on y remarque la citadelle et le Parthénon ; *Marathon* , *Mégare* , *Lepsina*, ou ancienne *Éleusis* , trois endroits jadis célèbres ; *Missolonghi* : chef-lieu du département d'*Acarnanie et d'Étolie* , fameuse par le siége qu'elle soutint contre les Turcs, en 1826 ; *Lamia* , chef-lieu du département de *Phtiotide et Phocide*.

Les îles *Colouri* (*Salamine*), et, un peu plus au sud , l'île d'*Égine* , sont près de la côte de l'Attique.

Dans la Morée, on trouve : *Patras* , place forte et chef-lieu du département d'*Achaïe et Élide* ; *Nauplie de Romanie* , chef-lieu du département d'*Argolide et Corinthe* , place très-forte ; *Corinthe* , située près et au sud-ouest de l'isthme auquel elle donne son nom ; *Kharvaty* , village fameux par les ruines de *Mycènes* ; *Tripolitza* , chef-lieu du département d'*Arcadie* ; *Navarin*, avec un vaste port, dans lequel les flottes française, anglaise et russe, remportèrent une grande victoire |sur la flotte turco-égyptienne, en 1827; *Calamata*, chef-lieu de la *Messénie*; *Sparte*, petite ville nouvelle, bâtie sur les ruines de l'ancienne, et chef-lieu du département de *Laconie*; *Mistra*, très-près des mêmes ruines.

Les îles de *Paros*, d'*Hydra* et de *Spetzia* sont près de la côte orientale de la Morée.

L'*Eubée* dont la capitale est *Négrepont*, et les *Cyclades*, c'est-à-dire, îles rangées en cercle, dépendent de ce petit royaume.

Le gouvernement de la Grèce est monarchique constitutionnel; le roi actuel est un prince de la maison de Bavière.

La religion grecque, appelée par les grecs religion orthodoxe, est celle de l'État et de presque toute la nation. Cependant il y a des catholiques romains dans plusieurs îles.

La langue grecque moderne se rapproche beaucoup du grec ancien; elle est belle; mais de grands maîtres ne lui ont pas encore donné de règles fixes. En général, l'instruction est peu répandue aujourd'hui dans cette contrée, qui a été jadis le berceau des arts, des lettres et des sciences en Europe : cependant elle a fait depuis quelque temps de notables progrès. Parmi les établissements d'instruction les plus intéressants, on peut remarquer l'école française d'Athènes.

LUCIE.

Si les Français, avec leur intelligence, leur aptitude et leur amour pour le travail, essaient de perfectionner le nouveau grec, leurs efforts seront certainement couronnés d'un plein succès.

CASIMIR.

Je ne doute pas non plus de la réussite de nos compatriotes dans la noble carrière que le gouvernement s'est empressé d'ouvrir à leur émulation.

LA GÉOGRAPHIE.

Il nous reste l'empire de *Turquie* à analyser : comme le temps presse, hâtons-nous de nous mettre à l'œuvre.

CASIMIR.

La *Turquie d'Europe*, qui n'est qu'une partie de l'empire Ottoman, forme avec la Grèce, comme une grande péninsule.

Le grand Sultan possède en Europe une superficie de 521,000 kilomètres carrés et une population de 15,000,000 d'habitants.

Les Balkans sont les principales montagnes de cette partie de son empire.

Parmi les fleuves et les rivières les plus remarquables, on distingue : le *Danube*, le *Pruth*, le *Cocyte* et l'*Achéron* qui se jettent dans la mer Ionienne, au nord du golfe de l'*Arta*, après avoir confondu leurs eaux dans un marais fangeux.

Le territoire turc est très-montagneux, ce qui y rend la température moins chaude que sa latitude ne semble d'abord l'annoncer.

Entre les montagnes, s'ouvrent des vallées délicieuses et des plaines très-fertiles, où croissent en abondance les orangers, les grenadiers, les figuiers, les oliviers, la vigne, le maïs, le riz, le cotonnier, les melons, les pastèques, les mûriers propres aux vers à soie. Cependant au nord du Balkan, le climat est froid, l'air souvent malsain, et des marécages accompagnent le cours du Danube.

Les contrées renfermées dans la Turquie d'Europe ne sont pas toutes complétement soumises à l'empire ottoman : il y a, au nord, trois grandes principautés slaves, qui ne sont que tributaires de cet empire ; en sorte que la Turquie d'Europe se partage en deux principales divisions : la *Turquie* proprement dite et les *Principautés Slaves*.

La Turquie proprement dite renferme la *Bulgarie*, la *Roumélie*, la *Bosnie*, l'*Albanie* et la *Thessalie*.

Sophia (4o,ooo h.), capitale de la Bulgarie, sur l'Isker, au pied des montagnes ; *Varna*

(20,000 h.), place importante sur la mer Noire ; *Tomisvar*, ancienne *Tomi*, fameuse par
l'exil d'Ovide ; *Viddin* (25,000 h.) ; *Silistrie*,
assiégée par les Russes en 1854 et qui a triomphé
de leurs efforts ; à égale distance du Balkan et du
Danube, est la célèbre place forte de *Choumla*.

Constantinople, 800,000 habit. dont 400,000
musulmans, 375,000 chrétiens et 25,000 juifs:
chef-lieu de la Roumélie et capitale de l'empire ;
admirablement située à l'entrée méridionale du
Bosphore de Thrace ; port magnifique, connu sous le nom de Corne-d'Or ; grands faubourgs
de *Pera* et de *Galata*, où habitent généralement les Européens de l'occident, c'est-à-dire,
les Francs ; Sérail, ou palais du Grand-Seigneur,
dont une des portes est célèbre sous le nom de
Sublime Porte ; mosquées de Sainte-Sophie et
d'Achmet III, place de l'Atmülan, l'ancien
hippodrome ; *Gallipoli* (60,000 h.), sur la presqu'île du même nom, et vers l'entrée septentrionale du détroit des Dardanelles ; *Salonique*
(50,000 h.), ville très-commerçante, au fond
du golfe du même nom.

Andrinople (110,000 h.) ; *Démotica*, célèbre
par le séjour de Charles XII, roi de Suède ; *Se-
rès*, dans un pays riche en tabac et coton.

Janina (50,000 h.) capitale de l'Albanie.

Sérajévo (30,000 h.), capitale de la Bosnie ;

autres villes ; *Scutari* (25,ooo h.) ; *Durazzo* , place forte.

Cettigne , capitale du Montenegro , sorte de république démocratique et théocratique , ne reconnaissant que l'autorité de son évêque.

Candie (15,ooo h.) , capitale de l'île du même nom.

Jassy (5o,ooo h.) , capitale de la Moldavie et résidence de l'*Hospodar*. On remarque au sud-est *Galatz*, port très-fréquenté, sur le Danube.

Bucharest (13o,ooo h.) , ville insalubre ; capitale de la *Valachie*; au sud, sur le Danube , on distingue la place forte *Giurgévo* ; à l'ouest, est *Craïova*.

Belgrade (3o,ooo h.) , capitale de la Servie, située à la jonction du Danube et de la Save. Les deux premières de ces provinces sont sous la protection des puissances européennes. La troisième est tributaire de la Sublime Porte.

Les Turcs, appelés aussi *Osmanlis* ou *Ottomans*, sont mahométans de la secte d'Omar ; la règle de leur foi est le Koran. Le gouvernement est un despotisme mitigé; a la Turquie a adopté, depuis 1839 , par le *Hatti-Chériff* ou charte de *Gul-hané*, une sorte de régime constitutionnel; les lois sont discutées par une chambre législative formée de personnages désignés par l'empereur. Celui-ci a le titre de *Sultan*, de *Grand*

Seigneur ou de *Grand Turc*; il est en même temps souverain pontife. Le *grand-visir* est le lieutenant du *sultan* en tout ce qui concerne le pouvoir temporel, et le *mufti*, ou grand-prêtre, en tout ce qui a rapport au spirituel. Les *ulémas*, sont les docteurs chargés de l'interprétation du Koran et de l'enseignement dans les écoles supérieures ou *médressés*. On donne le nom de *Divan* au conseil d'état, composé du mufti, du grand-visir et d'autres ministres ou personnages importants. Les divisions administratives ne sont plus dirigées par des pachas, mais par des préfets nommés *muderris*.

Les peuples, les cultes et les langues sont très-variés dans la Turquie d'Europe; il n'y a qu'un peu plus d'un million de Turcs. Les autres sont ou schismatiques grecs, ou catholiques, ou juifs. Le commerce est entre les mains des *rayas*.

L'armée, qui se forme par voie de recrutement, suivant le mode français, est forte de 277,000 hommes. La force navale compte 12 vaisseaux de ligne et 10 frégates.

LA GÉOGRAPHIE.

Nous renvoyons la séance à après demain : chacun aura ainsi le temps de se refaire de sa fatigue.

TROISIÈME SCÈNE.

LA GÉOGRAPHIE, L'ASIE, CASIMIR, LUCIE, MELCHIOR, L'AFRIQUE.

LA GÉOGRAPHIE.

La partie du monde que nous allons décrire renferme plus d'habitants, à elle seule, que toutes les autres régions ensemble.

LUCIE.

C'est en *Asie* que se sont accomplis tous les grands mystères de notre sainte religion.

CASIMIR.

C'est là que se trouvait le *Paradis terrestre*, où Adam fut placé immédiatement après être sorti des mains du Créateur.

MELCHIOR.

Comment accordez-vous la création d'un seul homme avec les races bien distinctes qui existent sur la surface du globe ?

LA GÉOGRAPHIE.

L'influence du climat, de la nourriture, du genre de vie, des maladies et certains usages ont produit les divers types humains qu'on remarque aujourd'hui.

MELCHIOR.

L'arche de Noë s'arrêta sur le mont Ararat, en Asie, lorsque les eaux du déluge commençaient à s'écouler.

LA GÉOGRAPHIE.

Ce fameux cataclysme, si effrontément nié et objet de tant de sarcasmes impies, dans le XVIIe siècle, passe à cette heure, aux yeux de la science, pour être mathématiquement prouvé.

LUCIE.

En effet, si sur les montagnes les plus élevées et sur toutes les latitudes de la sphère terrestre, on trouve en abondance des productions marines, il faut bien que les eaux de la mer aient couvert tout à la fois ou successivement l'immense superficie de la terre.

CASIMIR.

Un de nos meilleurs naturalistes, le célèbre Buffon, enseigna que la mer visite peu à peu toutes les terres de l'univers.

LA GÉOGRAPHIE.

Comme ce système ne tendait à rien moins qu'à faire le monde éternel, il se rétracta, les caractères de nouveautés qu'offre le globe ne lui permettant pas de soutenir une semblable absurdité.

LUCIE.

C'est encore en Asie que s'est accompli l'adorable mystère de notre rédemption.

MELCHIOR.

Bien qu'ils le regardent comme le mortel le plus célèbre qui ait paru dans le monde, plusieurs se refusent à reconnaître Jésus-Christ pour vrai Dieu.

LA GÉOGRAPHIE.

Le soleil en plein midi est peut-être moins évident que la divinité du Christ. Une doctrine qui a vaincu tous les obstacles et continue à régner depuis dix-huit siècles et demi, ne peut qu'être la parole du Créateur de l'univers.

MELCHIOR.

Confucius et Mahomet ne règnent-ils pas aussi depuis de longues années ?

LA GÉOGRAPHIE.

Ces doctrines auraient-elles résisté aux sanglantes persécutions qui imbibaient la terre du sang des Chrétiens sous les empereurs romains ? Si les gouvernements des pays où on les professe, travaillaient à les affaiblir, au lieu de les fortifier, que deviendraient-elles ? ce qui est faux, a besoin de puissants secours pour vivre ; la vérité triomphe au contraire des résistances les plus hostiles.

LUCIE.

Si nous sommes chrétiens , c'est par une grâce spéciale du Très-Haut ; car tout ce qui peut détruire l'œuvre humaine la plus puissante a été employé en vain pour l'anéantissement du catholicisme.

LA GÉOGRAPHIE.

En voilà assez sur ce chapitre : écoutons en silence l'*Asie* qui va nous parler de ses bornes , de l'étendue de sa superficie, de sa population et de tous ses produits.

L'ASIE.

Je suis bornée , au levant , par le grand océan ou océan Pacifique ; au couchant, par l'Europe et par l'Afrique ; au nord , par l'océan Glacial arctique, et au midi , par le détroit de Malacca et l'océan Indien.

J'ai une étendue de 41,200,000 kilomètres carrés, et une population de 442,160,000 habitants.

Les monts *Altaï*, *Bolor*, *Bleus*, *Kan-ti-ssé*, *In-chan*, *Hongour* sont les principaux de l'Asie.

On trouve sur mon territoire , l'*Obi* , le *Fleuve jaune*, le *Bleu* , le *Tigre*, l'*Euphrate* , le *Gange* , l'*Indus* et plusieurs autres grands cours d'eau, il y a aussi la *mer Morte*.

La race blanche ou *caucasique* habite dans la

moitié occidentale et dans quelques parties du nord de mon territoire ; et la race jaune ou *mongolique* , dans la moitié orientale et chez un grand nombre de peuplades boréales.

Mes principales langues sont l'arabe , l'arménien, [le géorgien , le turc, le persan, le sanscrit, l'hindoustan, le chinois, le japonais , le tibétain , le birman , le mandchou, le mongol, le malais.

La religion mahométane domine dans les parties occidentales , et s'étend jusque vers le centre et les extrémités méridionales. Elle se divise en deux sectes rivales, la secte d'Ali et la secte d'Omar.

Je fus aussi le berceau du christianisme et du judaïsme , qui y sont répandus dans quelques régions , surtout à l'ouest, où les principaux rites chrétiens sont l'arménien, le grec et le maronite. Le brahmanisme, qui doit son nom à l'un de ses principaux dieux , Brahma, domine dans l'Hindoustan ; le Bouddhisme, qui tire le sien du dieu Bouddha , est répandu surtout en Chine, dans l'Indo-Chine et le Japon ; le Lamisme, qui considère la divinité supérieure comme subsistant éternellement dans la personne du grand Lama , souverain du Tibet , est la religion générale des pays élevés de l'intérieur. Les Guèbres , habitant l'ouest et le sud, sont Sabéens , c'est-à-dire, adorateurs du feu.

Je suis divisée en treize contrées principales : 1° La *Sibérie*, immense possession russe, plus vaste que l'Europe, et pourtant peuplée à peine de deux millions d'habitants, à cause de la rigueur du climat. C'est surtout par ses mines d'or, d'argent, de platine, de fer, de cuivre, de pierres précieuses, et par ses animaux à fourrures, que la Sibérie est importante pour la Russie ; *Tobolsk*, capitale de la Sibérie occidentale et *Irkoutsk*, capitale de la Sibérie orientale.

2° La *Transcaucasie*, ou *Russie d'Asie* occidentale, autre possession russe, appuyée sur le flanc méridional du mont Caucase, et située entre la mer Noire et la mer Caspienne ; *Tiflis*, principale ville.

3° La *Turquie d'Asie*, ou *Asie mineure*, comprenant l'*Anatolie* et la *Caramanie* ; l'*Arménie*, la *Mésopotamie*, l'*Assyrie*, aujourd'hui *Kurdistan* ; la *Syrie*, divisée en *Palestine* et *Phénicie* ; la *Babylonie*, aujourd'hui *Irak-Araby*. On distingue les villes de *Smyrne*, *Angora*, *Brousse*, *Trébisonde* ; dans l'Asie Mineure, *Erzeroum* ; dans l'Arménie, *Mossoul* ; dans le Kurdistan, *Bagdad*, *Bassora* ; dans l'Irak-Araby, *Alep*, *Damas*, *Tripoli*, *Beyrouth*, *Acre*, *Jérusalem*, dans la Syrie ; *Ninive*, *Babylone*, *Troie*, *Éphèse*, *Palmyre* étaient dans cette dernière province.

4° Le souverain de la *Perse* s'appelle le *Schah*, et les principales villes de ce royaume sont : *Téhéran*, capitale , *Ispahan* , *Tauris* , *Hamadan* , *Chiraz*.

5° *L'Afghanistan*, ou royaume de *Caboul*, chef-lieu , *Caboul*; principales villes , *Candahar* et *Ghiznih*.

6° *Hérat* , capitale du petit royaume de ce nom.

7° La *Tartarie indépendante* se divise en plusieurs États , dont les principaux sont ceux des *khanats de Boukharie* et de *Khiva* ; villes principales : *Boukhara*, capitale de la Boukharie; *Samarcand* et *Khiva* ; au nord, vit le peuple nomade des *Kirghiz*.

8° Le vaste *Empire Chinois* , le plus peuplé du globe , et le plus grand après l'empire Russe , renferme cinq contrées principales : la *Chine*, la *Corée* , la *Mongolie* , le *Turkestan-Chinois* et le *Tibet*. De tous ces pays , le plus important est la Chine , qui se distingue par la beauté de son climat , la fertilité de son sol , son industrie , sa nombreuse population qu'on évalue de 300 à 400 millions d'habitants ; *Pékin*, *Nankin* , *Canton* , sont les villes les plus connues ; *Lhassa* est la capitale du Tibet; *Han-Yang*, celle de la Corée ; *Ourga* , celle de Mongolie ; *Yarkand* , celle du Turkestan.

9° Le *Japon*, empire tout insulaire, placé à l'est de l'empire chinois, est remarquable, comme celui-ci, par son antique civilisation ; il y a deux empereurs, l'un spirituel, le *Daïri*, et l'autre temporel, le *Koubo*, et en même temps deux capitales; ce sont : *Yédo*, résidence du *Koubo*, une des plus grandes villes du monde, et *Méaco*, résidence du *Daïri* ; *Nangasaki*, est la seule ville ouverte seulement aux Chinois et aux Hollandais.

10° *L'Indo-Chine*, est partagée entre plusieurs nations : les Anglais en ont une partie ; les *Birmans*, y forment un empire dont la capitale est *Ava*. On y distingue aussi le royaume de *Siam*, capitale *Bankok* ; le royaume *An-Nam*, capitale *Hué*.

11° *L'Hindoustan*, ou simplement, *l'Inde*, est une région très-riche et très-peuplée, siége d'une fort ancienne civilisation. Les Anglais en ont les plus belles provinces, dont la capitale est *Calcutta*, sur une branche du Gange ; les Français y possèdent *Pondichéry* et quelques autres villes; les Portugais, le territoire de *Goa*.

12° Le *Béloutchistan*, a pour capitale *Kélat*.

13° La *Mecque*, *Médine*, *Moka*, *Mascate*, sont les principales villes de l'*Arabie*, offrant d'affreux déserts dans l'intérieur, mais dont quelques cantons sont assez fertiles sur les côtes.

La Chine et l'Inde sont les pays les plus peuplés de mon territoire.

Les principales villes des possessions Anglaises sur mon territoire sont : *Calcutta* (600,000 h.), grande et magnifique ville ; *Madapolam* et *Mazulipatam*, connues par leurs étoffes de coton ; *Madras* (45,000 h.), siége d'un immense commerce ; *Bombay* (200,000 h.), une des places les plus importantes de l'Asie, sur une petite île ; *Surate*, fameuse par son commerce ; *Cambaye*.

LUCIE.

C'est bien fâcheux que des peuples aussi civilisés que les Chinois tiennent avec autant d'obstination aux grossières erreurs du Brahmanisme et du Bouddhisme.

LA GÉOGRAPHIE.

Leur aveuglement nous prouve combien il est nécessaire que l'homme soit conduit par les lumières de la révélation.

LUCIE.

Un enfant de dix ans, parmi les chrétiens, a des idées plus claires sur la divinité et les devoirs de l'homme que les plus savants d'entre les nations païennes et infidèles.

L'AFRIQUE.

J'ai pour bornes, au levant, l'océan Indien,

la mer Rouge et l'isthme de Suez ; au couchant, l'océan Atlantique ; au nord, la mer Méditerranée ; au midi, l'océan Pacifique.

Ma superficie continentale et insulaire a une étendue de 58,800,000 kilomètres carrés , et ma population varie de 60 à 100,000,000 d'âmes.

Mes principales montagnes sont l'*Atlas* , au nord-ouest ; le *Semen*, à l'orient, dans l'Abyssinie ; les *monts de la Lune*, au centre ; les *monts Lupata*, au sud-est ; au sud, les *monts de Maloutis.*

Une partie de mes eaux coule dans la Méditerranée : c'est le *Nil*, formé par la jonction du *Nil blanc* et du *Nil bleu* ; une autre, dans l'océan Atlantique : ce sont le *Sénégal*, la *Gambie*, le *Niger*, le *Congo* , le *fleuve Orange* et autres ; une troisième, dans l'océan Indien : ce sont le *Mama*, le *Lufudgi*, le *Luvurna*, l'*Ozi*, le *Coumbiri*, et plusieurs autres fleuves inconnus.

Au centre, est un grand bassin qui ne paraît verser ses eaux dans aucune mer, et au milieu duquel est le grand lac *Tchad* ; le *Yeou* et le *Chary*, sont deux fleuves tributaires de ce lac.

Un grand nombre d'îles sont disséminées autour de l'Afrique, la plupart à une assez grande distance des côtes.

Dans l'océan Atlantique sont les *Açores* (au Portugal), fertiles en excellents fruits, mais exposées aux tremblements de terre.

Les îles *Madère* (aussi au Portugal), dont les deux principales villes sont *Madère*, célèbre par son vin, et *Porto-Santo*.

Les îles *Canaries* (aux Espagnols) : la principale est *Ténériffe*, célèbre par son haut pic volcanique ; l'*île de Fer*, fameuse parce qu'on y a fait passer longtemps le premier méridien, est une Canarie.

Les îles du *Cap-Vert* (aux Portugais), malsaines et exposées à de grandes sécheresses ; *St-Vincent* ; *San-Iago*.

Gorée, près du Cap-Vert (aux Français).

Les îles *Bassagos* ; *Fernando-Po* (aux Anglais).

L'île du *Prince* et *St-Thomas* (aux Portugais).

Annobon ; l'*Ascension* ; *Ste-Hélène*, si célèbre par l'exil et la mort de Napoléon (aux Anglais).

Le groupe de *Tristan-d'Acunha*, habité par une colonie anglaise.

On trouve dans l'océan indien : *Madagascar*, dont les côtes sont basses et malsaines, mais d'une fertilité prodigieuse.

Sainte-Marie (aux Français) ; *Nossi-Bé* et *Nossi-Komba* (aux mêmes).

Bourbon, belle île française ; *Maurice* (aux Anglais) ; *Rodrigue* (aux mêmes).

Les îles *Comores*, gouvernées par des sultans, excepté *Mayotte* (aux Français).

Mombaza ; Zanzibar, soumises aux Arabes ; les *Seychelles* (aux Anglais).

Socotora, au sultan de Zanzibar ; la *Terre de la désolation*, île inhabitable.

Les habitants du nord de l'Afrique appartiennent à la race blanche ; cependant ils sont en général très-bruns, et quelques-uns même ont un teint noir, mais avec la physionomie des blancs. Plusieurs nations asiatiques et européennes sont venues se mêler aux habitants indigènes du nord de l'Afrique. On remarque surtout les Arabes et les Turcs, il y a aussi, depuis la conquête de l'Algérie par la France, un assez grand nombre d'Européens, surtout de Français et d'Espagnols.

Les autres habitants de l'Afrique sont des nègres, au front déprimé, aux joues proéminentes, au nez large et épaté, aux cheveux laineux.

La langue arabe est la plus répandue dans tout le nord de l'Afrique. Le *berbère* est parlé par un grand nombre des populations de l'Atlas et du Sahara ; le dialecte des *Touareg* se nomme *targhi*. Le turc est compris dans la plupart des villes qui avoisinent la Méditerranée ; le français se répand en Algérie ; l'anglais et le hollandais se parlent vers le *Cap de Bonne-Espérance*. Du reste, il y a d'innombrables dialectes parmi les peuples peu civilisés de l'Afrique.

Les Africains sont presque tous plongés dans la barbarie ; l'anthropophagie existe chez des tribus cafres, et la vente des esclaves est fort répandue dans la race nègre. Un grossier fétichisme, qui consiste dans l'adoration d'animaux et d'objets inanimés, est la religion de la plus grande partie de cette race ; le mahométisme est répandu dans le nord, dans une partie des contrées centrales, et sur une grande étendue des côtes de l'océan Indien ; les Coptes et les Abyssins sont presque les seuls indigènes qui professent le christianisme. Au nord, il y a un assez grand nombre de juifs.

LUCIE.

Que ces diverses régions doivent être tristes et misérables ! la chaleur qui dévore, l'ignorance qui abrutit, les mauvais instincts de la chair qui s'irritent et se développent par le silence ou par la faiblesse des lois, contribuent également à y perpétuer les horreurs de la barbarie.

CASIMIR.

La femme y est partout esclave comme dans tous les pays où l'Évangile est inconnu.

L'AFRIQUE.

Je me divise en six contrées : 1° la *contrée du Nil et de la mer Rouge.*

On y rencontre l'*Égypte,* fécondée par le Nil,

fameuse par son ancienne civilisation, par ses intéressantes ruines, et gouvernée par un pacha, tributaire de la Turquie. On la divise en *haute*, *moyenne* et *basse Égypte*. Dans cette dernière on trouve le *Caire*, sur le Nil; *Alexandrie*, port célèbre sur la Méditerranée et principal entrepôt du commerce maritime de l'Égypte; *Rosette*, *Damiette*, situées chacune à l'embouchure de l'une des deux principales branches du Nil. Parmi les anciens monuments, on distingue les ruines de Thèbes, dans la Haute-Égypte, et les Pyramides, sur l'emplacement de *Memphis*, à peu de distance du Caire.

Au sud de ce pays se trouve la *Nubie*, dont la capitale est *Khartoum*.

Au sud-est de la Nubie est l'*Abyssinie*, capitale, *Gondar*.

2° La *contrée de la Méditerranée*. On y rencontre : *Tripoli*, *Tunis*; *Alger*, *Oran*, *Bone*, *Philippeville*, *Bougie*, aux Français; *Maroc*, *Tanger*, *Mogador*. Les Espagnols y possèdent *Ceuta*.

3° La *contrée de l'océan Atlantique*. On y rencontre : *Sahara* ou grand désert ; la *Sénégambie*, pays fertile et très-chaud, qui tire son nom du *Sénégal* et de la *Gambie*; les Français y ont d'importantes possessions, surtout sur le Sénégal : la capitale de leur colonie est *St-Louis*.

La *Guinée supérieure*, où l'on remarque la *Sierra-léone* (aux Anglais); la *Côte du Poivre*; la *Côte des Dents* où les Français ont les établissements d'*Assinie* et du *Grand Bassam*; la *Côte d'Or*, capitale *Koumassie*; *Cap Corse* (aux Anglais); *Saint-George de la Mine* (aux Hollandais); la *Côte des Esclaves*; la *Côte de Bénin*; la *Côte de Calabar*; celle de *Gabon* où la France a un établissement.

La *Guinée inférieure* où l'on trouve le royaume de *Congo*, capitale *San-Salvador* les royaumes d'*Angola* et de *Benguela*, presque entièrement soumis aux Portugais, et dont les capitales sont *Saint-Paul de Loanda* et *St-Philippe de Benguella*.

La *Cimbébasie*, pays stérile et peu connu, habité par les Cimbebas.

Le *pays des Hottentots* indépendants; région arrosée par le fleuve Orange.

Le *Cap de Bonne-Espérance :* capitale, *le Cap*, colonie anglaise.

4° Les pays baignés par l'océan Indien sont :

La *Capitainerie de Mozambique :* capitale, *Mozambique* (aux Portugais).

Le *Zanguebar :* parmi les villes principales, *Jangdbar*, *Lammo*, *Brava*, *Magadoxo*.

Le *Somalzeïlah* et *Barbora* sont les principaux ports.

— 323 —

On trouve dans l'intérieur, la *Nigritie septentrionale*, appelée aussi *Belled-es-Soudan* (pays
des Nègres). Cette contrée se divise en un grand
nombre de royaumes et de pays, dont les plus
importantes villes sont : *Ségo*, capitale du
royaume du même nom ; *Guinée*, autre capitale d'un royaume et qui a donné son nom à une
grande partie de l'Afrique occidentale ; *Tom-
bouctou*, très-commerçante ; *Sakkatou* ; *Kano* ;
Kouka, capitale du Bournou ; *Ouara*, capitale du *Ouaday*.

La *Nigritie méridionale*, la partie la moins
connue de l'Afrique.

La *Cafrerie indépendante* où l'on trouve les
villes de *Zimbaoé*, *Machâou* et de *Litakou*.

Les villes principales des îles sont : *Angra*,
chef-lieu des *Açores* ; *Funchal*, chef-lieu de *Madère* ; *Santa-crux*, chef-lieu des Canaries ; *Ja-
mes-Town*, chef-lieu de *Ste-Hélène* ; *Tanane-
Rivou*, capitale du royaume de *Hovas* ; *Saint-
Denis*, chef-lieu de l'île Bourbon ; *Port-nord-
ouest*, chef-lieu de Maurice.

MELCHIOR.

Puisque nous avons fini ce qui concerne
l'Afrique, il sera bon avant de parler de l'Amérique, qu'on nous donne quelques heures de
répit, afin que nous puissions préparer les
matériaux nécessaires à l'intelligence de cette
quatrième partie du monde.

LA GÉOGRAPHIE.

Votre demande est trop raisonnable pour qu'on ne se hâte pas de l'accueillir : ainsi jusqu'à ce soir à quatre heures.

QUATRIÈME SCÈNE.

LA GÉOGRAPHIE, LUCIE, CASIMIR, MELCHIOR, L'AMÉRIQUE.

LA GÉOGRAPHIE.

Je suis bien contente de voir que personne ne manque au rendez-vous.

LUCIE.

Nous aimons trop à être dociles à vos ordres, pour les violer dans une occasion des plus solennelles.

LA GÉOGRAPHIE.

En effet, la quatrième partie du monde, découverte par Colomb, rappelle des souvenirs d'un si grand intérêt, que chacun doit ardemment désirer de la connaître.

MELCHIOR.

Je reviens à la création de notre premier père : d'où vient qu'on a trouvé des hommes, en Amérique, si Dieu n'en avait créé qu'un seul sur l'ancien continent.

LA GÉOGRAPHIE.

C'est parce que le hasard y avait conduit quelque colonie des pays les moins éloignés.

MELCHIOR.

Ne sait-on rien de sûr à ce sujet?

LA GÉOGRAPHIE.

Non; mais le monde existe depuis si longtemps et les hommes cherchent depuis tant de siècles à s'y porter dans tous les sens, soit pour s'enrichir, soit pour faire de nouvelles découvertes, que la tempête peut bien avoir poussé des vaisseaux vers les côtes de cette immense contrée.

MELCHIOR.

Avec le système des probabilités, il est impossible de répondre aux difficultés d'une manière satisfaisante.

LA GÉOGRAPHIE.

Que faire, quand on manque de documents précis et historiques sur une question de cette nature? les Esquimaux, américains indigènes, appartiennent à la race jaune ou mongolique; c'est tout ce que nous savons.

L'AMÉRIQUE.

Placée à l'occident de l'Europe et de l'Afrique, je me divise en *Amérique du nord* et en

Amérique du sud, ayant, y compris les îles, 42,480,000 kilomètres carrés de superficie.

Je suis bornée, à l'est, par l'océan Atlantique ; à l'ouest, par le grand océan ; au nord, par l'océan glacial arctique, et, au midi, par l'océan glacial antarctique. L'isthme de Panama, large de 45 kilomètres me coupe en deux, comme je l'ai dit.

Je suis traversée dans toute ma longueur par une chaîne de montagnes, prenant successivement les noms de *montagnes Rocheuses ; Cordillère du Mexique ; Cordillère du Guatemala ; Cordillère des Andes*. On trouve dans cette chaîne les fameux volcans *Popocatepelt* et l'*Orizaba*, dans la Cordillère du Mexique ; et le *Chimborazo*, l'*Antisana*, le *Cotopaxi*, dans la Cordillère des Andes. Une autre chaîne, plus près du grand Océan, présente le *mont Saint-Élie*, et beaucoup plus au sud, dans la Californie, la *Sierra-Nevada*, riche en or.

Du côté de l'Atlantique, on remarque des chaînes assez longues, mais moins élevées : tels sont les monts *Alleghani* ou *Apalaches*, dans l'Amérique du nord ; la *Serra do Espinhaço*, dans l'Amérique du sud. Entre les chaînes des deux côtés, s'étendent des plaines immenses, où coulent les plus grands fleuves du monde, et qui portent généralement le nom de savanes, dans l'Amérique du nord, et ceux de *Llanos* et de *Pampas*, dans l'Amérique du sud.

Les fleuves *Mackensie*, le *Copper-Mine*, le *Back* se rendent dans la mer *Polaire*; le *Missinipi*, dans la baie d'Hudson; le *Saint-Laurent*, dans le golfe du même nom; le *Mississipi*, grossi du *Missouri*, le *Rio grande del norte*, dans le golfe du Mexique.

A l'occident, l'*Orégon*, le *Sacramento*, se jettent dans le grand Océan; le *Rio Colorado*, dans la mer Vermeille; le *Rio grande do Sul*, à l'entrée de cette même mer.

Dans l'Amérique du sud, à l'orient, la *Madelaine* coule dans la mer des Antilles; l'*Orénoque*, l'*Amazone*, fleuve le plus large du globe, le *Rio de la Plata* se jettent dans l'Atlantique.

Les lacs *Supérieur*, (le plus grand de la terre après la mer Caspienne), *Michigan*, *Huron*, *Erié* et *Ontario*, communiquant les uns avec les autres, appartiennent à l'Amérique septentrionale.

Les principaux lacs de l'Amérique méridionale, sont : le lac *Maracaybo*, le lac *Patos*, la lagune d'*Ybera*, le lac *Titicaca*.

Ma population est de 5o,ooo,ooo d'habitants. Les Anglais, les Français, les Espagnols et les Portugais forment une grande partie de ma population. Il y a des Russes, au nord, et des Danois, au nord-est. Des nègres transportés d'Afrique comme esclaves forment une autre grande partie de mes habitants ; beaucoup d'entre eux jouissent aujourd'hui de la liberté. Les indigènes américains au teint d'un rouge de cuivre, ont reçu le nom général d'Indiens, parce que, à l'époque de la découverte de l'Amérique, on prit ces terres nouvelles pour les parties de l'Inde le plus avancées vers l'est.

On nomme *sang mêlé*, ma population formée du mélange des différentes races : tels sont les *métis*, nés de blancs et d'indigènes ; les *mulâtres*, nés de blancs et de nègres ; les *quarterons*, nés de blancs et de mulâtres. On appelle *gens de couleur* les nègres, les mulâtres, les quarterons et les autres personnes qui tiennent plus ou moins au sang africain.

L'Amérique a appartenu longtemps à différentes puissances de l'Europe ; mais la plupart des colonies ont secoué le joug de leur mère-patrie, et le gouvernement républicain y domine aujourd'hui. La religion catholique règne dans les parties centrales et méridionales. Il y a beaucoup de protestants dans le nord.

Il y a six contrées principales dans l'Amérique du nord :

1° Au nord-est, est la colonie danoise du *Groenland*, pays très-triste et très-froid, dont

on ignore les limites septentrionales. On y rattache l'*Islande* et l'archipel inhabité du *Spitzberg*.

2° Au nord, se trouve la *Nouvelle-Bretagne*,
dont les principales villes sont : *Montréal* et
Québec, peuplées de 30 à 40,000 âmes, dans le
Canada. On remarque encore *Halifax*, port flo-
rissant de la Nouvelle-Écosse. Le commerce des
fourrures est un des plus florissants de ces
contrées.

3° Au nord-ouest, on rencontre la *Russie
américaine ;* la *Nouvelle-Archangel*, chef-lieu
des possessions russes, en Amérique.

4° Les *États-Unis* occupent le milieu de l'A-
mérique du nord. Ils se composent de 31 États,
qui forment autant de républiques distinctes ,
ayant leurs lois particulières et leurs administrations spéciales pour toutes les affaires pure-
ment locales; mais les grands intérêts de la Confédération sont confiés à un gouvernement élec-
tif composé d'un président , qui possède la
puissance exécutive , et d'un congrès de deux
chambres, savoir : le Sénat et la Chambre de
représentants. Le président est élu pour quatre
ans, les sénateurs pour six et les représentants
pour deux.

Voici les principales villes : *Washington*, capitale de la Confédération , sur le *Potomac*,

très-grande ville, mais peu peuplée (25,ooo h.);
on y remarque le Capitole, où siège le Congrès.

Boston (14o,ooo h.), chef-lieu du *Massa-
chusetts*, avec un beau port ; *Cambridge*, près
de Boston, avec une célèbre université; *Lowell*,
ville très-industrieuse.

New-York (6oo,ooo h.), port fameux, première ville de la république par sa population,
par son commerce et sa richesse ; *Brooklyn*
(1oo,ooo h.), vis-à-vis de New-York; *Albany*,
chef-lieu de l'État de New-York; *Philadelphie*
(4oo,ooo h.), très-belle et grande ville, dans la
Pensylvanie; *Pittsburg*, la ville la plus industrieuse de l'Amérique, sur l'Ohio, dans le même
état.

Baltimore (17o,ooo h.), port très-commerçant ; *Richmond*, chef-lieu de la *Virginie*;
Charleston, port très-commerçant, dans la
Caroline du sud; la *Nouvelle-Orléans* (145,ooo
h.), dans la *Louisiane*, sur le Mississipi, avec
un port très-fréquenté.

Louisville, dans *Kentucky*, sur l'Ohio; *Cin-
cinnati* (16,ooo h.), dans l'état d'*Ohio*; *Saint-
Louis* (83,ooo h.), dans l'état de *Missouri*;
San-Francisco, port célèbre, dans la *Californie*.

Il n'y a point dans les États-Unis de religion
dominante; tous les cultes y sont admis et pro-
tégés.

La principale industrie est l'agriculture, qui produit surtout des grains, du sucre, du coton, du riz, du tabac. L'industrie manufacturière est la plus avancée dans les États de l'Est. C'est principalement par le commerce que les États-Unis fleurissent. Leur marine marchande est la plus considérable après celle de l'Angleterre.

5° Le *Mexique* est une ancienne colonie espagnole qui forme aujourd'hui une république. Ce pays, doué d'une douce température au milieu, à cause de la grande élévation de son sol, est trop chaud vers les côtes. Il est fertile en bananiers, manioc, pommes de terres, ignames, patates douces, tomates, agaves, ananas, cannes à sucre, cotonniers, palmiers, cacaoyers, vanille, jalap, bois de campêche, acajou, nopal à cochenille, etc. Cette contrée a pour principales villes : *Mexico* (200,000 h.), capitale de la république, dans une belle vallée, *Guadalaxara; la Puebla; Quanaxuato*, avec les plus riches mines d'argent du monde; *Queretaro*; la *Vera-Crux*, la principale ville maritime de la côte orientale du Mexique; *Campêche*. On trouve dans ce pays un grand nombre de ruines de monuments, construits par un peuple inconnu, mais plus avancé en civilisation que les Indiens actuels.

L'Amérique centrale, qui est la partie la plus

méridionale de l'Amérique du nord, forme cinq républiques distinctes : celles de *Guatémala*, *Honduras*, *San-Salvador*, *Nicaragua* et *Costa-Rica*. *Guatémala* (50,000 h.), capitale de la première ; *Comayagua*, capitale de la seconde ; *San-Salvador*, capitale de la troisième ; *Léon*, capitale de la quatrième ; et *San-José-de-Costa-Rica*, capitale de la cinquième.

Outre ces cinq républiques, l'Amérique centrale comprend encore, à l'est, le peuple sauvage des *Mosquitos*, qui s'est placé sous la protection britannique.

LUCIE.

Les Mosquitos n'ont agi ainsi que pour s'assurer le secours de l'Angleterre dans le **cas** d'une invasion étrangère.

LA GÉOGRAPHIE.

Il ne faut jamais faire un crime aux faibles de se prémunir contre la violence des forts.

L'AMÉRIQUE.

Au nord de ma partie méridionale se trouve la *Colombie*, composée de trois républiques, anciennes colonies espagnoles : la *Nouvelle-Grenade*, dans laquelle est compris l'isthme de Panama, a pour capitale *Santa-fé-de-Bogota* (40,000 h.), et pour autres villes principales, *Popayan*, *Carthagène-des-Indes*, *Sainte-Mar-*

the, ports sur la mer des Antilles, et *Panama*, sur l'isthme de ce nom; *San-Bonaventura*, port sur le grand Océan.

La république de l'*Équateur*, dont la capitale est *Quito* (5o,ooo h.), presque sous l'Équateur, et la seconde ville *Guayaquil*.

Le *Vénézuela*, qui a pour capitale *Caracas* (3o,ooo h.), et pour autres villes principales *Cumana*, *Angostura*, *Maracaybo*.

Le long de l'océan Atlantique se trouve: 1° la *Guyane*, divisée en cinq parties : la *Guyane colombienne*, la *Guyane portugaise*, et les *Guyanes française*, *anglaise* et *hollandaise*. *Cayenne*, sur une île du même nom, est la capitale de la Guyane française ; la Guyane hollandaise a pour capitale *Paramaribo* (2o,ooo h.), la plus grande ville des Guyanes ; *Georgetown*, est la capitale de la Guyane anglaise.

Le *Brésil*, situé au centre de l'Amérique méridionale, produit une magnifique végétation, et des mines d'or, de diamants, de platine existent dans ses montagnes. Sa capitale est *Rio-Janeiro* (16o,ooo h.), dans une situation magnifique ; *Bahia* (12o,ooo h.), port célèbre ; *Fernambouc*, autre port très-commerçant.

Montevideo (3o,ooo h.), capitale de la république de l'*Urugay* ; *Buenos-Ayres* (8o,ooo h.), capitale de la république de *la Plata*, dont les autres villes principales sont : *Santa-Fé*, *Mendoza*, *Cordova*, *San-Luis*. L'*Assomption*, capitale de la république du *Paraguay*.

A l'ouest, sur le grand Océan, il y a trois républiques : le *Pérou*, dont la capitale est *Lima* (6o,ooo h.), à neuf kilomètres de la mer ; *Callao* lui sert de port. Les autres villes sont : *Arequipa*, *Cuzco*, *Truxillo*, *Arica*, ports de mer.

La *Bolivie* a pour capitale *la Plata* (3o,ooo h.), célèbre par ses mines d'argent. Les autres villes sont : *la Paz*, fameuse par ses mines d'or, et la plus grande ville de la *Bolivie* ; *Potosi* (4o,ooo h.), célèbre aussi par ses mines d'argent ; *Puerto de la Mar*, seul port de la Bolivie.

Le *Chili* est extrêmement fertile et favorisé d'un très-beau climat, mais exposé à de fréquents tremblements de terre. *Santiago* (8o,ooo h.) ; les autres villes sont : *Valparaiso*, *Copiapo*, *la Conception*, *Valdivia*, port de mer dans le sud du Chili, qu'habitent les Araucanos, indigènes courageux, fiers et industrieux, que les Espagnols n'ont jamais pu soumettre, et qui ne se sont pas non plus réunis à la nouvelle république Chilienne.

La *Patagonie*, pays triste et froid, habité seulement par des sauvages, les Patagons.

La *Terre de Feu* est un archipel stérile, située au sud de la Patagonie, dont elle est séparée par le détroit de Magellan : la *Terre des États* est près, et à l'est de la Terre de Feu, dont elle est séparée par le détroit de *Lemaire*.

Les *Antilles* sont un grand archipel, s'étendant entre l'Amérique septentrionale et l'Amérique méridionale. Elles appartiennent toutes aux Européens.

On les partage en quatre divisions principales.

Au nord, sont les *Lucayes*, appartenant aux Anglais : Christophe Colomb les vit le premier en 1492 ; l'île qu'il nomma *San-Salvador* s'appelle aujourd'hui *Cat-Island*.

On voit, au milieu, les grandes Antilles, c'est-à-dire, *Cuba*, *Haïti*, *la Jamaïque* et *Porto-Rico*.

Cuba, la plus grande des Antilles, a pour capitale la *Havane* (140,000 h.), la plus importante ville de l'archipel. Elle est soumise à l'Espagne.

Saint-Domingue, république formée par des nègres et des mulâtres révoltés contre les blancs, se compose de deux états, l'empire d'*Haïti*, qui a pour capitale, *Port-au-Prince* (30,000 h.) ; la *République Dominicaine*, capitale, *Saint-Domingue*.

La *Jamaïque*, remarquable par sa belle culture, appartient aux Anglais ; elle a pour chef-lieu *Spanish-Town* ; la plus grande ville est *Kingston*.

Puerto-Rico, chef-lieu : *San-Juan de Puerto-Rico*, aux Espagnols.

Les petites Antilles sont : la *Guadeloupe* ; chef-lieu, la *Basse-Terre* ; et la *Martinique*, chef-lieu, *Fort de France*, soumises aux Français ; la *Dominique*, *Sainte-Lucie*, *St-Vincent*, la *Barbade*, *Ste-Croix*, *St-Thomas*, aux Danois ; *Saint-Eustache*, aux Hollandais.

MELCHIOR.

Je me suis aperçu, qu'au lieu de donner la population de chaque état en particulier, on s'était contenté de dire : Il y a tant de millions d'habitants dans les deux Amériques.

LA GÉOGRAPHIE.

En Amérique, où existent encore de nombreuses populations sauvages, il n'est pas aussi facile de faire des recensements qu'en Europe.

MELCHIOR.

Si la raison est bonne pour les peuplades vagabondes, on devrait au moins connaître approximativement le nombre d'habitants des états réguliers.

LA GÉOGRAPHIE.

Les États-Unis comptent 24,000,000 d'habitants ; la Nouvelle-Angleterre, 2,000,000 ; les Antilles, 3,000,000 ; le Brésil, 6,000,000 ;

si l'on n'a pas calculé la population des autres républiques, c'est à cause de certaines difficultés.

L'OCÉANIE.

Je me divise en quatre parties : en *Malaisie*, en *Mélanésie*, en *Micronésie* et en *Polynésie*.

La Malaisie renferme l'archipel de la *Sonde*, *Sumatra*, *Java*, *Bali*, *Lombok*, *Madura* et autres ; au milieu, la grande île de *Bornéo*, et celle de *Célèbes*, les *Moluques*, les îles *Banda* ; les *Philippines*, dont les plus importantes sont *Luçon*, *Mindanao*, *Mindoro*, *Palaouan*.

Les Hollandais ont de grandes possessions dans la Malaisie ; ils possèdent presque toute l'île de Java, où se trouve *Batavia* (70,000 h.), capitale de leurs colonies océaniennes. Les Espagnols possèdent une grande partie des Philippines, où leur ville la plus importante est *Manille* (140,000 h.), dans l'île de Luçon.

La Mélanésie a pour terre principale la *Nouvelle-Hollande*, dont l'intérieur est encore inconnu. On trouve sur ce continent la ville de *Sydney*, capitale de la *Nouvelle-Galles*, soumise aux Anglais et destinée aux condamnés. On y voit encore les villes de *Victoria*, du *Port Philip* et d'*Adélaïde*, dans une région riche en or.

On remarque, dans la partie orientale de la

Mélanésie, l'archipel de la *Nouvelle-Bretagne*, l'archipel *Salomon*, celui de *Santa-Crux*, de la *Pérouse*, sur les écueils duquel le célèbre la Pérouse a fait naufrage; les *Nouvelles-Hébrides*, la longue île de la *Nouvelle-Calédonie* et les îles *Fidji*, riches en bois de sandal.

On trouve près de la Nouvelle-Hollande, au sud-est la *Terre de Van-Diemen*; au nord la *Nouvelle-Guinée* ou *Terre des Papouas*, île très-belle.

La Micronésie comprend, au nord, l'archipel *Magellan* et l'archipel d'*Anson*; à l'ouest, les îles *Palos*; au milieu, les îles *Mariannes* ou des *Larrons*, et les îles *Carolines*; à l'est les îles *Mulgrave*, composées des archipels *Ralik-Radak*, *Marshall*, *Gilbert*.

La Polynésie renferme : au nord, les îles *Sandwich*, dont les principales sont *Hawaï* et *Oahou*, et dont les habitants sont presque tous chrétiens et assez avancés dans la civilisation.

A l'ouest, les jolies îles des *Navigateurs* et les îles des *Amis*.

Au milieu, les îles *Manga-Reva*; les îles *Taïti*, dont la principale est *O-taïti*, capitale, *Papéiti*; l'archipel des *Iles basses*; les îles *Marquises*, dont les principales sont *Nouka-Hiva* et *Hiva-Hoa*.

A l'est, l'île de *Pâques*, amas de rochers basaltiques , loin de toute grande terre et de tout archipel.

Au sud , la *Nouvelle-Zélande* , composée de deux grandes îles , *Ikana-Mawi* , et *Tavaï-Pounamou* , séparées l'une de l'autre par le détroit de Cook , et dont les indigènes passent' pour les plus redoutables des anthropophages ; les îles *Broughton* ; les îles *Macquarie*.

C'est au sud-est de la Nouvelle-Zélande que se trouvent en mer, les antipodes de Paris.

On peut rattacher à l'Océanie les terres *Clarie* , *Adélie* , *Raleny* , *Victoria* , ensevelies sous des amas de neige et de glace , vers le cercle polaire austral et dans l'océan glacial antarctique.

La France et l'Angleterre sont les seules puissances européennes qui aient des possessions dans la Polynésie.

Les *Marquises* appartiennent à la première qui exerce un protectorat sur l'île Taïti et les îles Gambier. La seconde occupe une portion de la Nouvelle-Zélande.

Ma superficie est de 10,830,000 kilomètres carrés , et ma population de 30,000,000 d'habitants.

On rencontre dans mes mers un grand nombre de récifs très-dangereux , formés principalement de coraux qui s'amoncellent et s'accroissent journellement autour des îles. Les volcans sont très-multipliés et font de fréquentes éruptions.

CASIMIR.

Je voudrais bien connaître les productions végétales les plus utiles, ainsi que les divers pays d'où elles viennent.

LA GÉOGRAPHIE.

Les céréales sont ce qu'il y a de plus important en ce genre : on entend par céréales, le blé, le seigle, l'orge, le maïs et le riz. Les pays tempérés produisent les quatre premiers, et les pays chauds, le dernier.

Les pommes de terre, originaires d'Amérique sont aujourd'hui cultivées dans toute l'Europe, même dans les latitudes où les céréales ne viennent plus.

La vigne, originaire de l'Asie occidentale, fournit ses meilleurs vins en Europe, et dans quelques îles de l'Afrique.

Les principaux fruits à noyau, l'amandier, le prunier, le pêcher, l'abricotier, le cerisier viennent encore de l'Asie occidentale, et particulièrement de la Perse, et se sont répandus dans presque toute l'Europe : le pommier et le poirier produisent de bons fruits jusques dans des latitudes très-élevées de l'Europe.

La canne à sucre, originaire de l'Asie, fut introduite, au moyen-âge, dans les îles de la Méditerranée et dans l'Espagne, l'Italie et la Grèce; des plants furent ensuite portés aux îles Madère et Canaries, et de là en Amérique, en 1506.

La betterave est très-cultivée en France et en Allemagne.

Les orangers et les citronniers ont pour patrie les pays chauds de l'ancien continent. Le café sort de l'Arabie; le thé, de la Chine et du Japon; le Cacao, de l'Amérique équinoxiale; la muscade, la canelle, le girofle, le poivre viennent du midi de l'Asie et de la Malaisie; l'olivier, des pays qui environnent la Méditerranée; le coton de l'Inde, de la Chine, de l'Égypte, des parties chaudes de l'Amérique et du midi de l'Europe.

Les figuiers abondent dans le midi de l'Europe, dans l'Asie et dans l'Afrique. Le mûrier blanc, propre aux vers à soie, croît dans la plupart des pays chauds de l'ancien continent. Le lin et le chanvre se plaisent dans tous les climats tempérés.

Il y a une grande quantité de bois de construction en Europe: le pin, le sapin, le mélèze, le cyprès, le chêne, le platane, le châtaignier et autres arbres.

L'ébénier ne croît que dans les pays équinoxiaux. L'acajou est particulier au Mexique et à l'Amérique centrale ; le palissandre, à l'Amérique méridionale.

Parmi les plantes médicinales les plus renommées, le quinquina et l'ipécacuana, se trouvent dans l'Amérique méridionale ; le jalap et la vanille, au Mexique ; l'aloès, dans l'Afrique ; le camphrier, dans la Malaisie ; la casse et le séné, dans le nord-est de l'Afrique ; la gomme arabique (produit d'un acacia), dans le Sahara, l'Égypte et la Sénégambie ; la rhubarbe, le ginseng, dans l'est de l'Asie ; le ricin, dans l'Asie occidentale.

La manne (produit d'un frêne) et la réglisse sont communes dans l'Italie méridionale.

La gomme élastique découle de l'hévé, dans l'Amérique méridionale.

Les principaux bois de teinture sont le bois de campêche, le brésil, le recouyer, qui viennent de l'Amérique équinoxiale. L'indigotier est une plante de l'Inde. La garance se cultive dans l'Europe centrale.

Les plantes oléagineuses, outre l'olivier, sont le colza, qui se cultive dans presque toute l'Europe ; le pavot, qui donne l'huile d'œillette ; le sésame, qui croît dans l'Inde, la Syrie et l'Égypte ; l'arachide, qui vient de la côte occidentale de l'Afrique.

Le tabac est originaire des régions équinoxiales de l'Amérique; mais on le cultive maintenant partout ailleurs.

CASIMIR.

Puisque nous en sommes aux diverses productions, je voudrais bien avoir une idée des productions animales.

LA GÉOGRAPHIE.

Le cheval vient de l'Asie; l'âne de l'Afrique. Les chameaux sont les plus utiles bêtes de somme de l'Asie occidentale et centrale, et du nord de l'Afrique. Les lamas vivent dans les Andes, et les rennes, dans le nord de l'Europe, et surtout dans la Laponie.

Le bœuf et la vache, dont la patrie primitive est inconnue, sont communs en Europe. On emploie en Italie et en Grèce, le buffle, espèce de bœuf, originaire de l'Inde.

Les moutons d'Europe les plus renommés pour leur laine sont ceux d'Angleterre et d'Espagne. La chèvre est originaire de l'Asie, où les chèvres de Cachemire, du Tibet et d'Angora, donnent les poils les plus précieux. Il y a partout des porcs en Europe; on l'a trouvé indigène dans l'Océanie. Les éléphants habitent principalement les Indes, la Malaisie et l'Afrique moyenne et méridionale : l'ivoire que donnent

ceux de la Côte de Mozambique est le plus renommé.

Les principaux animaux recherchés pour
leurs belles peaux sont les martres zibelines,
l'hermine, les petits-gris, les moufettes, les
castors, les chinchillas et les viscaches, le loup
et l'ours noir, les renards bleus, noirs et blancs,
les loutres, le chamois.

Le coq et la poule paraissent originaires de
l'Asie ; les paons viennent de l'Inde ; les faisans,
de l'Asie orientale et occidentale ; les dindons,
de l'Amérique septentrionale ; les pintades, de
l'Afrique.

Les cygnes, les eiders et les autres espèces qui
donnent le plus précieux duvet, sont communs
dans l'Islande, la Norwège et les autres contrées
les plus boréales de l'Europe.

La sardine et l'anchois se trouvent très-abon-
damment dans l'Atlantique et dans la mer Méditerranée. La morue se pêche particulièrement
au banc de Terre-Neuve dans l'Atlantique. Les
meilleures huîtres d'Europe sont celles de la Manche, du golfe de Gascogne et de la Belgique. Le
vers à soie est originaire de la Chine. Les éponges les plus estimées se pêchent dans la partie
orientale de la Méditerranée et sur les côtes de
l'Amérique méridionale : l'Archipel et le golfe
de Cabès en fournissent de grandes quantités.

LUCIE.

Je vous saurais bon gré, Mademoiselle, de nous exposer les productions du règne minéral, à la suite des deux autres.

LA GÉOGRAPHIE.

Les marbres les plus beaux sont ceux d'Italie, d'Allemagne, d'Espagne, des Pyrénées françaises, de la Belgique. Les albâtres les plus renommés se tirent de Corse, d'Espagne, de Sienne, de Malte, d'Égypte; les pierres lithographiques de Bavière sont les plus estimées. Les plus importantes mines de sel d'Europe sont celles de la Galicie, de l'Allemagne, de la Lorraine, de la Franche-Comté. L'alun se trouve dans les sols volcaniques : on en tire beaucoup de l'Italie ; la Chine a la plus belle terre à porcelaine; la France et la Saxe en ont aussi de précieuses carrières.

Les pierres dites précieuses, c'est-à-dire, les améthystes, les calcédoines, les onyx, les opales, les topazes, les turquoises, les émeraudes, les tourmalines, les lapis, les saphirs, les rubis, se trouvent généralement en Asie et dans l'Amérique méridionale.

Les diamants se rencontrent dans l'Hindoustau, à Bornéo, au Brésil et aux monts Ourals. Le platine existe dans les monts Ourals, la Colombie, le Chili, la Bolivie et le Brésil.

Les plus abondantes mines d'or connues sont

celles de la Californie et de l'Australie; on peut signaler ensuite celles du Mexique, de la Colombie, du Pérou, de la Bolivie, du Chili, du Brésil, des monts Ourals, de l'Altaï de la Sibérie, de l'Inde, de la Malaisie, de la Hongrie et de la Transylvanie. L'Afrique possède une grande quantité de poudre d'or dans la Guinée et le Mozambique.

L'aimant se rencontre dans la péninsule Scandinave et en Sibérie.

Le mercure s'exploite dans l'Allemagne méridionale et occidentale, en Espagne, dans l'Amérique du sud et dans la Californie.

L'Europe possède les plus riches mines de fer, d'étain, de cuivre, de plomb.

LUCIE.

En voilà assez pour comprendre l'origine des principales productions appartenant aux trois règnes.

CASIMIR.

Je suis bien de votre avis. Plus tard, nous pourrons creuser plus avant dans les mystères de la nature.

MELCHIOR.

On ne saurait tout apprendre dans un seul jour. C'est avec le temps et l'étude qu'on élargit peu à peu le cercle de ses connaissances.

FIN.

LISTE DES INTERLOCUTEURS

Du Dialogue sur la Géographie.

L'UNIVERS.

LA TERRE.

LA GÉOGRAPHIE.

AUGUSTE.

LA MER.

LE CONTINENT.

LE NÉGOCIANT.

CASIMIR.

LUCIE.

MELCHIOR.

MADAME IMBERT.

L'EUROPE.

L'ASIE.

L'AFRIQUE.

L'AMÉRIQUE.

L'OCÉANIE.

L'AUTRICHE.

LA PRUSSE.

LA FRANCE.

CATALOGUE

Des Ouvrages dont se compose le nouveau
Cours d'instruction et d'éducation.

———

1° Dialogue sur les signes orthographiques et les dix
parties du discours.

2° Dialogue sur les analyses grammaticale et logique
ainsi que sur l'explication des règles de la syntaxe.

3° Dialogue sur les éléments de géographie précédés
de la solution d'un grand nombre de phénomènes
aériens et terrestres.

4° Dialogue sur la tenue des livres en partie double.

5° Dialogue sur l'Histoire de France en deux volumes.

6° Dialogue sur l'arithmétique où l'on a mêlé quelques
notions sur l'arpentage et le dessin linéaire.

7° Dialogue sur la rhétorique et la versification.

8° Dialogue sur les éléments de philosophie.

Prix des 9 Volumes formant le *Cours complet:*

12 fr.

Rendu à domicile *franco:* 13 fr.

TABLE

DES MATIÈRES.

—

FIN DE LA TABLE.

CATALOGUE

Des Ouvrages dont se compose[nt]
Cours d'instruction et d'éd[ucation]

————

1° Dialogue sur les signes orthographiques [...]
dix parties du discours [et la Grammaire].
1 vol. Prix :

2° Dialogue sur l'Analyse grammati[cale].
Prix :

3° Dialogue sur l'Analyse logique [et ap-]
plication des règles de la syntaxe. 1 vol. [...]

4° Dialogue sur les él[ements ...]
de la solution d'un grand nom[bre ...]
aériens et terrestres. 1 vol. [...]

5° Dialogue sur la tenue des [livres ...]
1 vol. Prix :

6° Dialogue sur l'Histoire de France [...]

7° Dialogue sur l'Arithmétique, où l'on [...]
notions sur l'arpentage et sur le dessin [...]
Prix :

8° Dialogue sur la Rhétorique et sur [...]
1 vol. Prix :

9° Dialogue sur les éléments de [...]
Prix :

Prix des 9 Volumes formant le C[ours]
12 fr.

Rendu à domicile *franco.*